中共湖北省委党校学科建设资助项目

共享发展的县域之路：
以荆县为例

郝国庆 著

人民出版社

责任编辑:陈寒节

装帧设计:朱晓东

图书在版编目(CIP)数据

共享发展的县域之路:以荆县为例/郝国庆 著.—北京:
人民出版社,2017.3
ISBN 978 - 7 - 01 - 017004 - 6

Ⅰ.①共⋯　Ⅱ.①郝⋯　Ⅲ.①县级经济 - 区域经济发展 -
研究 - 湖北　Ⅳ.①F127.63

中国版本图书馆 CIP 数据核字(2016)第 290835 号

共享发展的县域之路:

GONGXIANG FAZHAN DE XIANYU ZHILU

以荆县为例

郝国庆　著

人民出版社 出版发行

(100706　北京市东城区隆福寺街99号)

北京中兴印刷有限公司印刷　新华书店经销

2017 年 3 月第 1 版　2017 年 3 月北京第 1 次印刷
开本:710 毫米×1000 毫米 1/16　印张:13.75
字数:220 千字

ISBN 978 - 7 - 01 - 017004 - 6　定价:39.00 元

邮购地址:100706　北京市东城区隆福寺街 99 号
人民东方图书销售中心　电话:(010)65250042　65289539

摘　要

　　坚持共享发展不仅是指导当前我国改革开放的"五大发展理念"的重要内容之一，而且是其落脚点和归属点。实现"基本公共服务均等化"是坚持共享发展的基本要求和具体体现。中共十七大之后，在继续保持经济快速发展的同时，基本公共服务均等化政策得到了高度重视并全面加快推进。经过十多年的赶超式改革实践，取得了显著成效：基本公共服务均等化的基本制度和机制得到确立并逐步健全；城乡之间、区域之间的基本公共服务差距明显缩小；政府的财政支出结构在优化，各项基本公共服务支出比例增大，增速快于同期的财政增长；民生工程成为各级政府工作的亮点；等等。当前，伴随着全面建成小康社会的到来，基本公共服务均等化正在面临新的机遇和挑战。一方面，人民群众的需求和期望上涨到新高度，基本公共服务均等化需要"升级换挡"，基本公共服务范围需要拓展，标准需要提高，方式需要优化。另一方面，也面临新的挑战，尤其是经济发展进入新常态，增速放缓，财政压力增大，同时国际范围内的经验和教训值得关注，需要坚持普惠性、保基本、多元化和可持续的改革方向。因而，需要我们回顾过去，及时总结基本公共服务均等化推进过程中的经验与教训，进一步完善和创新各项制度和机制；更需要我们清醒透视当前的国内外发展形势，把握未来的发展大趋势，按照坚持"共享发展"的新理念，指导基本公共服务均等化政策的完善和机制创新。

　　本书的切入点、侧重点不是基本公共服务均等化的必要性、重要性和基本政策框架构建问题，而是当前改革实践进程中的新形势、新问题和新趋势。在研究方法上力图做到把实证研究与文献研究和比较研究相结合，尤其是借鉴吸收了西方现代福利理论和新公共服务理论的一些思想和研究框架。本书选取了一个普通的县为对象进行了实证研究，具体剖析了该县近些年来在义务教育、公共文化、公共卫生和社会保障等几个方面的均等化改革实践，收集概括了一些具体的做法，总结了一些经验，并提出了若干政策建议。

基本公共服务均等化的实现路径具有中国特色，符合中国国情。建立和完善了有效推进工作的压力和动力机制。公共服务方式得到有效的改善，创新能力普遍提高。不仅取得了显著直接成效，而且具有更深远的意义：县域基本公共服务各方面的体系快速得到健全，直接促进了地方政府向服务型政府的转型；中央财政转移支付力度空前，地方财政保障有力，极大地促进了地方公共支出结构趋向合理；各类服务标准不断提高，形成了地方政府之间服务竞赛，开始扭转了地方政府的政绩考核标准；基本公共服务全覆盖程度较高，加快了全面建成小康社会的进程；通过基本公共服务的城乡均等化，直接加快了城乡一体化进程，加速了二元体制的解体。同时，基本公共服务均等化推进中还面临着许多新的问题和挑战。需要坚持兼顾效率与公平，防止改革出现倾向性偏差；坚持兼容并蓄，积极借鉴吸收世界经验和教训；在公共服务中处理好公益性与市场化的关系；加快地方政府职能转变，完善投入保障机制；扩大社会群众民主参与机制；进一步优化服务方式，提高服务水平；强化基层组织建设。正确认识和处理好长期性与阶段性、一般性与地域性、普惠性与层次性的关系。

关键词：基本公共服务；均等化；县域；共享发展

Abstract

Insisted on "Sharing development" is not only one of the important contents of the "Five development ? theories ", and is the foothold and belonging of the development?. Carrying out the equalization of public service is the basic requirement and content of insisting on sharing development mode. Since the 17th congress of Communist Party of China, the policy of offering equal basic public service was highly noticed and pushed by the CCP. After over ten years' rapid development, the outcomes are obvious: the equal basic public service mechanism and institutions have been established and improved; the differences of public services between urban and rural areas and different regions become smaller than before; the structure of financial expenditure of government is better than before. The expenditure on public service increased faster than the increase of financial incomes in many regions; livelihood projects have been the new working points of government etc. As the well – off society is coming soon, the equalization of basic public service meets new opportunities as well as challenges. On the one hand, the demands and expectations of the people on public service increase to a new height which requires the governments improve the supplying of basic public service. On the other hand, Chinese government also meets the challenge of financial burdens. Chinese government should learn from the international experience and keep the reform of public service supplying on the diversified and sustainable path. Therefore, it is necessary to conclude the experience and lessons both in internal and international cases and make improvements and institutional innovations for the reform of basic public service supplying.

This thesis focuses on the new trend and problems in the reform of public service equalization rather than the necessity, importance or basic policy framework of this area. For the methodology, this thesis tries to combine literature studies and empirical studies. Social welfare theory and new public administration theory will be applied in this thesis. This thesis selects a normal county as the case of the empirical study. The case study will focus on aspects of compulsory education, public culture, public health and social welfare of the public service equalization reform in Jingxian County. Conclusions are made: basic public service equalization reform has made obvious achievements; the carrying out process of public service equalization has typical Chinese characteristics; it has established and improved effective institutions to execute works; the approaches of public service supply have been improved. Meanwhile, there are still many new problems and challenges in carrying out the public service equalization reform. Chinese government needs to adjust policies as well as improve the mechanism. This thesis gives policy recommendations as that it is necessary to consider about both efficiency and fairness; the reform should keep in the fair path without any bias; China still needs to learn experience from the world; the relationship between the market and the government in the reform needs to be noticed; it is important to balance long – term and short – term strategies.

Key words: Sharing development ; Basic public service; Equalization; County level.

目　录

第一章　绪论 ……………………………………………………… 1

一、研究背景 ……………………………………………………… 1

（一）基本公共服务均等化推进中的基本经验与新问题需要及时总结… 1

（二）"坚持共享发展"理念和新的发展阶段对基本公共服务均等化
　　　提出新的要求 …………………………………………… 4

（三）世界范围内的经验和教训值得学习和借鉴 ……………… 6

二、选题意义 ……………………………………………………… 8

（一）实践意义 …………………………………………………… 8

（二）理论意义 …………………………………………………… 9

三、研究思路、内容框架与基本概念界定 …………………… 11

（一）研究思路 ………………………………………………… 11

（二）内容框架 ………………………………………………… 12

（三）基本概念界定 …………………………………………… 13

四、研究样本与研究方法 ……………………………………… 16

（一）研究样本介绍 …………………………………………… 16

（二）研究样本的合适性 ……………………………………… 18

（三）研究方法 ………………………………………………… 19

五、创新与不足 ………………………………………………… 20

（一）若干创新 ………………………………………………… 20

（二）存在的不足 ……………………………………………… 21

第二章　理论基础与研究综述 ……………………………… 22

一、理论基础 ……………………………………………………… 22

(一)新公共管理和新公共服务理论 …………………………… 22

(二)现代社会福利理论 ………………………………………… 26

(三)公民权利保障与公平正义理论 …………………………… 31

(四)中国特色的相关概念和政策理论 ………………………… 35

二、研究现状综述 ………………………………………………… 38

(一)有关基本公共服务需求增长与政府体制转型问题的研究 … 39

(二)有关基本公共服务财力保障方面的研究 ………………… 40

(三)有关基本公共服务的供给方式创新方面的研究 ………… 42

(四)有关民众参与和民众需求满足提高方面的研究 ………… 43

(五)有关环境变化与制度变迁方面的研究 …………………… 44

(六)简要述评 …………………………………………………… 45

第三章　义务教育的均等化 ………………………………… 48

一、荆县教育公共服务的基本情况 ……………………………… 48

(一)学校和学生数量 …………………………………………… 48

(二)教师队伍 …………………………………………………… 49

(三)教育主管部门 ……………………………………………… 49

(四)教育均等化总体进展情况 ………………………………… 49

二、县级义务教育服务需求与政府教育服务职责 ……………… 50

(一)当前义务教育服务需求 …………………………………… 50

(二)法律和政策对县级政府教育服务的职责要求 …………… 52

(三)县政府和主管部门履行教育服务职能目标 ……………… 52

三、荆县推进教育均等化的主要措施与进展状况 ……………… 52

(一)实施"学校标准化建设工程"，推进办学条件的均等化 … 52

(二)加强教师队伍建设，促进教师资源的流动和均衡配置 … 56

(三)全面提高教育质量是保障教育均等化的核心环节 ……… 58

(四)实施"义务教育关爱工程"，保障弱势群体接受义务教育权利 … 60

（五）实施"校园安全工程"，满足新的教育服务需求 ……… 61

四、荆县义务教育均等化的保障机制 ……………………… 63

　　（一）多渠道教育的投入机制 ………………………… 63

　　（二）教育督导和监督机制 …………………………… 70

五、总结与启示 …………………………………………… 72

　　（一）基本成就和可借鉴内容 ………………………… 72

　　（二）新问题与对策思考 ……………………………… 74

第四章　公共文化服务的均等化 …………………………… 79

一、农村公共文化服务体系建设的目标和内容 ……………… 79

　　（一）总体目标 ………………………………………… 79

　　（二）主要内容 ………………………………………… 80

　　（三）基本特征 ………………………………………… 81

二、荆县农村公共文化服务的设施和队伍建设状况 ………… 82

　　（一）文化设施网络建设现状 ………………………… 82

　　（二）文化队伍建设状况 ……………………………… 84

　　（三）文化队伍建设存在的主要问题 ………………… 85

　　（四）加强基层文化人才队伍建设的基本对策 ……… 87

三、荆县农村公共文化消费和需求均衡状况 ………………… 89

　　（一）公共文化消费特点和文化需求现状 …………… 89

　　（二）政府提供的公共文化服务内容 ………………… 91

　　（三）需求与供给的均衡情况 ………………………… 94

　　（四）加强公共文化服务针对性的对策建议 ………… 96

四、荆县农村公共文化服务的供给和运行机制 ……………… 98

　　（一）公共文化服务供给的基本要求 ………………… 98

　　（二）公共文化服务的供给方式和实际运行 ………… 99

　　（三）存在的问题和薄弱环节 ………………………… 101

　　（四）创新服务供给方式的对策建议 ………………… 103

五、农村公共文化服务的保障机制 ·············· 106
　　(一)组织保障 ·························· 106
　　(二)经费保障机制 ···················· 107
　　(三)文化管理体制保障 ················ 111
六、总结和启示 ······························ 112
　　(一)公共文化均等化的推进要坚持政府主导与群众主体地位相结合 112
　　(二)坚持公共文化服务内容上的标准化要求与丰富多彩的地方特色
　　　　相结合 ···························· 113
　　(三)坚持公共文化服务供给方式的政府与市场相结合 ······· 113
　　(四)坚持农村文化服务工作队伍建设专兼结合 ····· 114
　　(五)坚持公共文化建设的文化功能与经济社会多项功能相结合 ··· 114

第五章　公共卫生服务的均等化 ················ 115
一、荆县健全城乡公共卫生服务体系的实践进展与改革要求 ····· 115
　　(一)三级体系建设 ···················· 115
　　(二)存在的新问题 ···················· 118
　　(三)均等化目标下的进一步改革要求与趋势 ····· 120
二、荆县实施农村基本公共卫生服务项目的做法与经验 ····· 125
　　(一)实施农村基本公共卫生服务项目的目的意义 ····· 125
　　(二)农村基本公共卫生服务的内容 ········· 126
　　(三)有效实施基本公共卫生服务项目的创新做法 ········· 127
　　(四)需要进一步完善的措施 ·············· 131
三、荆县健全农村基本医疗保障制度的实施状况与完善建议 ·········· 132
　　(一)"新农合"的实施及其成就 ············ 132
　　(二)存在的新问题 ···················· 134
　　(三)完善农村基本医疗保障制度的若干对策思路 ········· 136
四、荆县优化公共卫生服务方式的做法 ·············· 138
　　(一)优化服务方式的重要意义 ············ 138
　　(二)优化服务方式的基本要求 ············ 139

（三）优化公共卫生服务方式的做法 ……………… 140

（四）完善服务考评体系 ……………………………… 142

五、荆县健全公共卫生服务均等化的保障 ………… 143

（一）人才队伍保障 …………………………………… 143

（二）财政投入保障 …………………………………… 145

六、总结和启示 ………………………………………… 146

（一）加快农村公共卫生服务均等化具有良好的基础和机遇 ……… 146

（二）农村基本公共卫生服务要坚持公益性原则，同时积极创新服务

供给方式 …………………………………………… 148

（三）政府财政投入是保障医疗事业公益性的必要条件 ………… 148

（四）合理划分农村医疗卫生机构的类型及职责，形成分工合作的

科学体系 …………………………………………… 149

第六章 社会保障公共服务的均等化 ………………… 150

一、荆县农村社会救助服务均等化实践进展状况 … 151

（一）建立和完善新型社会救助体系 ………………… 151

（二）提升全覆盖救助标准 …………………………… 153

（三）逐步提高社会救助服务水平 …………………… 155

（四）拓展住房保障服务 ……………………………… 157

（五）加强监督管理 …………………………………… 159

二、荆县农村养老服务均等化实践进展状况 ……… 162

（一）养老公共服务逐步得到加强 …………………… 162

（二）以县社会福利院为窗口开展创新实验 ………… 163

（三）推进农村养老服务方式创新 …………………… 165

三、荆县加强农村留守儿童关怀服务实践进展 …… 167

（一）强化政府对留守儿童的公共服务职责 ………… 167

（二）搭建关爱留守儿童工作平台和机制 …………… 169

（三）构建留守儿童社会救助体系 …………………… 170

四、总结和启示 ………………………………………… 172

（一）转型时期的政府将面临越来越繁重的社会保障服务任务 …… 172

（二）做好社会保障服务需要构建多元治理体系 ……… 173

（三）注意加强社会保障领域的廉洁和监督 …………… 174

（四）政府的社会保障职能需要协调统一 ……………… 174

第七章　基本结论与政策建议……………………………… 176

一、研究的基本结论 ……………………………………… 176

（一）基本公共服务均等化的实践进展，不仅取得了显著成效，而且
具有深远的意义 …………………………………… 176

（二）基本公共服务均等化的实现路径具有中国特色，符合中国国情 178

（三）建立和完善了有效推进工作的压力和动力机制 ……… 179

（四）公共服务方式得到有效的改善，创新能力普遍提高 …… 180

（五）基本公共服务均等化推进中还面临着许多新的问题和挑战 … 181

二、政策建议 …………………………………………… 182

（一）坚持效率与公平兼顾，防止改革出现倾向性偏差 …… 182

（二）坚持兼容并蓄，积极借鉴吸收世界经验和教训 ……… 184

（三）在公共服务中处理好公益性与市场化的关系 ………… 186

（四）加快地方政府职能转变，完善投入保障机制 ………… 189

（五）扩大社会群众民主参与 …………………………… 190

（六）进一步优化服务方式，提高服务水平 ……………… 191

（七）强化基层组织建设 ………………………………… 192

三、坚持共享发展的新机遇 ……………………………… 193

附录：荆县基本公共服务均等化状况调查问卷 …………… 195

参考文献 ………………………………………………… 202

后记 ……………………………………………………… 208

图表目录

表 1-1　不同的均等理论及其评价 ……………………………… 15

表 3-1　在岗教师和在校学生数变化情况表 …………………… 49

表 3-2　荆县幼儿园建设情况表 ………………………………… 54

表 3-3　分乡镇幼儿教育基本情况表(2013 年) ……………… 54

表 3-4　荆县地方教育财政支出情况表 ………………………… 65

表 3-5　荆县义务教育学校建设资金投入情况表 ……………… 66

表 4-1　荆县在职文化人员结构表 ……………………………… 86

表 4-2　湖北省重点文化惠民工程内容 ………………………… 92

表 4-3　近几年荆县公共文化事业财政投入情况表 …………… 108

表 4-4　2014 年荆县文化事业公共财政支出细目 …………… 108

表 5-1　荆县医疗卫生资源基本情况变化统计表 ……………… 118

表 5-2　荆县近期农村基本公共卫生服务项目专项资金投入 …… 128

表 5-3　荆县医疗卫生事业财政预算投入(不包括返还和基金) 146

表 7-1　政府购买养老服务的类别与形式 ……………………… 188

第一章 绪论

一、研究背景

中共十八届五中全会提出了指导新时期改革开放的"五大"新理念，其中之一就是"坚持共享发展"理念。中共十六届六中全会上正式提出的"实现基本公共服务均等化"不仅是该理念的演进来源，而且是"共享发展"的基本内容和要求。十七大之后，基本公共服务均等化得到全面而切实的推进。纵览十多年相关改革实践进程，应该说成就卓著：基本公共服务均等化的各项制度和机制从建立走向健全；城乡之间、区域之间的基本公共服务质量差距在明显缩小；政府在做大财政蛋糕的同时，支出结构在发生明显的变化，各项基本公共服务支出比例增大，并且增速快于同期的财政增长；民生工程成为各级政府每年工作报告中的一大亮点；等等。虽然，对于一个发展中大国来讲，基本公共服务均等化仍然任重道远，甚至在某些地区、某些方面还让人不容乐观。但是，总的看来，基本公共服务均等化推进的具有补课性质的阶段性任务即将完成。伴随着全面建成小康社会的临近，公共服务均等化正在迈上新的台阶，需要适应新的形势和新的要求。一方面，需要我们回顾过去，及时总结基本公共服务均等化推进过程中的经验与教训，进一步完善各项制度和机制；另一方面，更需要我们清醒地看清当前的国内外发展形势，把握未来的发展大趋势，在新的平台上谋划新的篇章。

（一）基本公共服务均等化推进中的基本经验与新问题需要及时总结

推进基本公共服务均等化已经走过来了多个年头，改革在逐步推进和完善，既积累了丰富的经验，也遇到了许多问题，要继往开来，需要回顾和总结，尤其是时代发展变化很快，许多政策和机制需要调整。

一是在当前社会快速发展和需求千变万化的背景下，基本公共服务产品供给与需求之间存在脱节，供给的针对性、实用性有待提高。在供给关系上占主导地位的是供给方（政府）而不是消费方（群众），群众的自主性地位体现不够。群众需要的服务产品、喜欢的服务内容与实际上可以享受到的并不一致。例如，在公共文化服务方面，在当前网络遍布、手机普及的互联网时代，政府普遍推行送文化下乡的做法，即向农村送戏、送电影和送图书等，花费很多，但是观众或者读者并不多，利用率很低。而农民群众非常喜欢的一些文化娱乐项目，如地方戏曲、民间歌舞、大鼓评书、农村题材的电影等，却供给不足。传统艺人也越来越少，表演机会越来越少。群众对公共服务缺乏知情权和参与权，在决策过程中参与不足，话语权没有保障，许多农民群众既不知道政府服务的职责和要求，也不知道自己的权利，更不知道如何有效表达自己的需求，进而形成等靠要思想，群众真实的服务需求在公共服务供给中还没有得到有效满足。

二是存在"幸福政绩工程"现象。政府在推进基本公共服务均等化过程中，存在重硬件、轻软件，重建设、轻管理，重指标数据、轻实际效果等问题。以公共文化为例，不管是县里的"三馆"、乡镇的综合文化服务站，还是村里的"农家书屋"，只要进入了规划和示范区，各级的投资基本上能够得到保障，文化设施、设备等硬件建设很快就得到改观，但是，管理体制、队伍建设、服务方式优化、文化产品开发等软环境建设相对滞后。在创建的开始热情高，日后热情减退，虎头蛇尾。一位领导同志曾经提醒广大干部，要防止出现"幸福"的政绩工程和形式主义的"幸福"。在这个问题上，要做好既打攻坚战、又打持久战的思想准备，防止不顾实际地搞"疾风骤雨"式的"透支"行为。

三是政府与市场如何有效结合存在左右摇摆。从一般理论上讲道理很清楚：基本公共服务的供给方式要坚持政府与市场相结合；在坚持公共服务的公益性、社会性至上的基础上，充分利用市场化机制提高服务效率，降低服务成本等。但是，在现实改革进程中，却有一个不断认识和准确把握的过程，甚至存在不同的理念和认识，导致改革有时候左右摇摆，前后不一。纵观近十年的改革历程，在公共服务领域大致经历了从"官办"到"民办"（市场化、社会化），又回归"官办"的循环。十年前改革的热词是"转制""拍卖""民营化""社会化""企业化"等，除了一些国有企业转制外，众多公共服务单位也积极改革转制：如，乡镇"七站八所"被撤销，转制为企业化、社会化的各类"服务中心"，原来的人员买断为社会人，实行"以钱养事"；许多地方的县乡医院拍卖转制为民营医院；部分优质学校转制为民办学校，可以高额收费；公共文化单位也纷纷民营化，实行企业化运营；等等。以市场化为主导取向的改革，是改革发展阶段的选择，它有利于加强市场化竞争，提高服务效率，降低成本，引入社会资源，迅速有效扩大公共服务资源总量。实践证明，这样的体制改革，对改变落后的公共服务状况，快速提升服务水平有着显著的成效。但是，在后来的实际运行中也暴露了许多问题，诸如：农村市场主体和社会组织数量有限，发育不全，缺乏有效的竞争机制，乡镇"以钱养事"机制的运转无法达到理想状态；政府容易推卸责任，导致公共服务职能弱化，加重了社会群众负担；企业短期行为，急功近利，公益性、社会性丧失；政府监管不力，出现公共服务领域恶性竞争，秩序混乱等。近些年来，各地的改革出现回归之势，把拍卖的医院、学校、服务中心等又高价"赎回"，回归体制内。

　　一些服务单位管理体制的回归，目的是坚持基本公共服务的公益性、社会性至上，强化政府的公共服务职责，为社会群众提供更优质更均等化的服务。但是，也必须注意和防止新的问题产生，即政府部门垄断可能带来的服务不优、成本高涨等新问题。以乡镇卫生院公共卫生服务为例，回归"官办"以来，可谓起死回生，重新焕发生机，在农村的公共卫生服务中起着不可替代的作用。但是，天生的垄断性也必然出现公益性与自利性的矛盾现象，主要表现就是"小病大治""过度医疗"等，这样不仅浪费医疗资源，而且也增加了农民的成本。再例如，农村公共文化服务的

"送文化下乡"基本上被官方文化单位包揽，服务单位关心的不是有没有人看，而是村干部签字即可。可以明显看到，原来农村曾经兴起的一些多样的个体户卫生门诊、民办学校等公共服务组织纷纷消失，这样不利于参与公共服务的各类社会组织的生长。很容易导致"官办"一家独大的格局，值得思考。

（二）"坚持共享发展"理念和新的发展阶段对基本公共服务均等化提出新的要求

一是人民群众的需求和期望上涨到新高度，基本公共服务均等化需要"升级换挡"。党的十八大提出的要"全面建成小康社会"和实现"中国梦"，十八届五中全会提出"坚持共享发展"，口号一个比一个响亮，不仅激起了人民群众的"中国自信"，也提高了公共服务的需求和期望。习近平讲到："我们的人民热爱生活，期盼有更好的教育、更稳定的工作、更满意的收入、更可靠的社会保障、更高水平的医疗卫生服务、更舒适的居住条件、更优美的环境，期盼着孩子们能成长得更好、工作得更好、生活得更好。人民对美好生活的向往，就是我们的奋斗目标。"人民对美好生活的向往不仅是党和政府的奋斗目标，更是压力和动力。这就意味着，中国政府的基本公共服务能力只能提升，不能下降；基本公共服务事项只能做得更多更好，不能减少。基本公共服务问题不再是简单的公共管理问题，而是一个重要的政治问题、社会问题。

基本公共服务均等化的"升级换挡"，既包括"基本"面要拓展，又包括"均等化"要深化，还需要新的体制机制安排。首先，基本公共服务范围需要拓展或者变化。例如，在公共文化方面，在全民健身运动，尤其是广场舞热的背景下，原来不在农村基本公共服务范围内的文化广场建设，也正成为当前广泛的基本公共文化服务要求。另外，部分公共服务领域正在由"基本"走向"中等"。例如，义务教育的发展趋势是突破"九年"范围向两头扩面。一头是向幼儿园扩面，要求把幼儿教育纳入义务教育的呼声越来越高，公办幼儿园的数量在快速增加；另一头是向高中教育扩面，有条件的地方逐渐把高中教育纳入义务教育。其次，"均等化"需要深化，基本公共服务迫切需要从"全覆盖"到"一体化"，以适应人口流动和互联网时代。当前的多数基本公共服务产品的供给与消费运行机制以省内为主，行政区划形成了对基本公共服务全国一体化的隔离。例如，除了少数省会城市开始互通外，新农合等保险的医疗费很难实现跨省结算，给人口流动和共享公共服务资源带来障碍。社会保障、义务教育等方面也亟需要建立一体化的相关制度。再次，新的基本公共服务需要新的体制安排，需要从重视"结果均等"向"制度均等""起点均等"转变。例如，随着新农村建设和城乡一体化的推进，新农村或者新城镇也需要一体化的城镇型基本公共服务，如垃圾处理、消防、绿化、照明等新服务。而乡村地区缺乏体制安排，主要靠各地的自筹自管，差距很大。在人口流动加快的背景下，农村三留人员，尤其是留守老人的养老问题变成农村非常突出的社会保障问题，需要现在的社会保障体系能够容纳。这些新的基本公共服务应该谁来埋单（财权事权划分）、谁去做（机构人员）、怎样做（运行机制）等等，还缺乏明确的体制安排，需要重构一些新的体系。在义务教育、公共卫生、公共文化、社会保障等各个基本公共服务领域均等化进程中，由于大量的去旧立新式改革，必然会引发大量的新问题，进而产生需要完善各项制度和机制的新问题、新任务。例如，城乡教育均等化进程中，部分地区会出现新的不均衡问题：许多农村的新学校硬件设施一流，师资齐全，但是学生大量流向城市，出现老师比学生多现象，资源浪费，而同时城市的学校却人满为患，资源紧张，家长负担也大增；一些山区学校为了达标，大量撤并，学校条件好了，但是太集中了，太少了，离家太远了，学生上学更不方便，成本增加了。

二是经济发展进入新常态，社会形态正在迈入新阶段，政府的基本公共服务职责任重而道远。随着即将到来的 2020 年全面建成小康社会战略任务的完成，我国也将迈入发达国家的第一道门槛。社会形态的升级，不仅表现在国民经济发展规模、政府财政收入等方面，还有相应的政治、社会、文化和公共服务等指标。在公共服务方面，旧福利经济学创始人庇古提出两个基本的福利命题：一是国民收入总量愈大，社会经济福利就愈大；二是国民收入分配愈是均等化，社会经济福利就愈大①。据此可以推出，今后，我国政府在公共服务均等化方面的职责任务，不是在减少，而是要增多，要从"基本"走向"中等"，面临更新、更多的任务。

然而，我国的经济发展已经进入增速放缓的新常态。从 2003 年开始直到 2013 年，中国政府在基本公共服务供给上实施了补救式的"双超"政策（投入增长比率超过同期 GDP 和财政收入增长比率），基本公共服务的投入大幅度增加，甚至许多方面是同时期 GDP 增速的 2 倍。"从社会保障方面的整体公共支出情况看，2008 年，我国社会保障方面公共支出为20647.6 亿元，到 2013 年就达到了 59019.5 亿元，年均增幅达到 23.4%，约为同期我国 GDP 年均增速的两倍"。② 不仅基本公共服务不均等化状况得到显著扭转，而且整个国家的基本公共服务总体水平大幅提高。然而，当前，我国受全球金融危机的影响，GDP 两位数的高速增长很难再现，保持经济平稳增长成为新常态。政府的财政收入增长变缓，2015 年全国竟然有 6 个省区的财政收入是负增长，地方政府债务负担逐步显现，类似"未富先老"社会保障难题等公共服务负担还会增大。在这种背景下，各级政府必须有过紧日子的思想准备。原来的以政府为主的大规模投入模式将会改变，而积极引进社会组织和企业参与公共服务，创新公共服务产品供给机制，提高服务效率等新问题将更加迫切、更加重要。同时，在扩大市场化、社会化的同时，如何保障公共服务的公益性至上也将成为更加突出的难题。

（三）世界范围内的经验和教训值得学习和借鉴

中国的改革开放离不开世界，我们要坚持"开放发展"的理念。推进基本公共服务均等化的各项改革，也需要学习借鉴世界的普遍经验，及时吸收历史的教训。

一方面，要防止陷入"中等收入陷阱"。以拉美一些国家最为典型，

---

① 庇古：《福利经济学》，金镝译，华夏出版社 2007 年版，第 106 页。
② 胡鞍钢：《"十三五"时期我国社会保障的趋势与任务》，《中共中央党校学报》2015 年 2 月。

当经济发展到中等发展水平时，如人均 GDP 达到 4000 美元之后，却出现经济停滞不前甚至倒退，社会冲突加剧，治理失灵，政局不稳等现象。其中既有经济结构和发展方式方面的原因，更有政治体制和社会政策方面的原因。其中重要的原因之一是伴随经济发展而出现的贫富分化加大、社会不公平问题突出，从而引发社会矛盾和动荡，而不符合国家治理现代化方向的改革，恰恰起到了破坏作用，导致社会退步。

当前最典型的例子就是查韦斯领导的委内瑞拉改革。一方面，查韦斯推进的"21 世纪社会主义"改革具有较为广泛的民意基础，四次选举成功当选总统就是最有力的说明。改革的主要目标就是通过实行"集体所有制"、强人政治和针对穷人的医疗、教育、住房等福利制度，缩小贫富差距，实行公共服务均等化。另一方面，改革中暴露了许多新问题。其主要原因是这种偏激式改革显而易见地落入了"中等收入陷阱"：对市场经济的否定阻碍了经济的健康发展，导致物资短缺，通货膨胀惊人，金融系统濒临崩溃；国家垄断导致政府腐败高发；福利制度实质是采用"劫富济贫"的方式重新分配财富，不仅导致政府债台高筑，而且激发了社会对立和矛盾，反而是另一个悲剧的开始，导致富人和穷人两败俱伤。

另一方面，还要防止陷入"福利陷阱"。2009 年的希腊主权债务危机，触发了连锁反应，欧债危机爆发，开启了欧洲战略调整的新起点，其中最突出的是对福利政策的深刻反思。欧盟人口占全球人口的 8%，GDP 占全球的 25%，而福利开支占全球的 55%。希腊主权债务危机的原因很多，其中重要的原因之一是高福利的福利制度，导致劳动力缺乏活力，企业失去弹性，政府负担沉重，社会依赖心理和行为逐步加强，逐步陷入"福利陷阱"，致使"二战"以后被广泛推行和备受赞誉的"福利制度"走向反面。当前欧洲各国政治家达成共识，希望以此为契机，转危为机，开始了切实的改革，以期治疗过分的平均主义和过重的福利依赖症。改革的大趋势就是推动福利转型，恢复劳动力的弹性，减轻企业负担，减少政府的开支和负担。例如，欧盟给希腊改革开出的处方是：提高退休年龄；延长养老金缴费年限；裁撤公共部门工作人员；削减公共部门工作职位；

改革劳动力市场，降低最低工资标准，雇主解雇工人更加容易，延长新工人试用期等。

联系到我国当前的基本公共服务均等化的推进，必须有"发展中的大国"思维，不仅要居安思危，保持清晰头脑，更要注重建立和完善科学现代的制度和机制，兼顾效率与公平，不能偏差，不能走极端。既要在经济发展中保持和维护公平正义，向弱者倾斜，防止传统资本主义化的"邪路"，又要在推进基本公共服务均等化的过程中坚持"发展是第一要务"，防止出现平均主义、大锅饭式的"老路"。

二、选题意义
(一) 实践意义

1. 有助于紧跟时代步伐，关注改革进程中的新需求和新问题，及时总结经验，为改革实践提供若干具体方案和路径选择。

当代的中国改革进程非常快，地方变化也非常快，新情况、新问题层出不穷，实际的新需求、新难点大量产生，因而，应用性的理论研究一定要有现实针对性和时代性。我们阅读一些国内文章，常常感到与实际相脱节，许多研究的材料和观点跟不上时代变化，如在基本公共服务均等化问题方面，近两年的许多文章还在老生常谈：城乡差别巨大，基本公共服务投入严重不足，农村上学难、看病难等。实际上经过十多年的"赶超式"基本公共服务均等化改革和社会经济的快速发展变化，研究重心应该转为基本公共服务在推进过程中的新需求、新问题和新难题，诸如"基本"内容范围的拓展升级问题；在快速推进新型城镇化的同时产生的新的不均衡问题；政府服务主体来回改制的矛盾状况和左右为难问题；公共服务的新的"政绩工程问题"。而针对这些新问题的研究还比较少。另外，当前各地的公共服务内容和方式的改革创新很多，值得及时归纳和总结。

2. 有利于提高改革的前瞻性和预见性，通过现代理论分析方法，借鉴西方国家改革的经验与教训，可以用来指导中国的改革走向，减少走弯路。

例如，许多研究都呼吁要增加财政投入，实际上这是过于简单了，作为对策建议不能就是简单地要求增加公共服务的财政支出。首先是财力有限，缺乏普遍性的实际可行性。尤其是在经济发展新常态、财力下滑的背景下，很难到位。其次，根据许多现代理论，完全可以开阔视野，发现更广阔的平台。如"福利多元主义理论"提醒我们政府不要大包大揽，要坚持国家—市场（企业）—个人（家庭）三结合；"积极社会福利理论"具有创新建议的是，"人们普遍认为主要问题是财政来源危机，其实应当表述为组织资源的方式问题，安排方式与需要解决的问题不相适应，造成了一系列问题"[1]。在财力增长有限的背景下，真正的建议重点应该是如何完善支出结构，从内部挖潜力，包括优化供给方式？如何能够有效减少浪费，提高效率？如何切实可行地扩大和促进社会投资？再比如，公共服务供给的目的是满足人民的需求，但是需求不能被过分放大。因为，需求具有多样性和弹性，客观上难以满足过多过高的需求，为此应特别注意做好宣传，明确服务的界限，便于居民对公共服务项目做理性预期，否则问题就容易产生。诺贝尔经济学奖获得者阿玛蒂亚·森反对将服务对象预设为单纯的接受者，而主张个人在自我服务、相互服务中的主体角色[2]。

（二）理论意义

1. 有助于丰富具有中国特色的公共服务理论和"共享发展"理论。

通过国内外背景分析，我们清醒地看到，这是一个争先恐后改革实践，推进制度创新、技术创新的时代，也是一个理论创新的时代。尤其是当代中国，社会发展日新月异，各项改革实践异彩缤纷。因而，改革的经验需要及时总结，好的模式和做法需要提升和推广，应对新的问题和挑战需要及时完善政策和调整制度。这都离不开思维创新和理论创新。

十八届五中全会提出五大新理念，其中之一就是要坚持"共享发

---

① 彭华民等：《西方社会福利理论前沿——论国家、社会、体制与政策》，中国社会出版社2009年版，第132页。

② ［印度］阿玛蒂亚·森：《以自由看待发展》，任赜，于真译，中国人民大学出版社2012年版，第43页。

展"。这个新理念、新提法的理论基础就是基本公共服务均等化，或者也通俗地称为"保障基本民生"。同时也有新的含义和要求。原来人们听到的是"共享发展成果"，很容易被理解为"平均主义"，"你有、我有、全都有"！十八届五中全会公报讲到："按照人人参与、人人尽力、人人享有的要求，坚守底线、突出重点、完善制度、引导预期，注重机会公平，保障基本民生，实现全体人民共同迈入全面小康社会"。这样的表述更全面、更科学。如，不仅要"人人享有"，前提还要"人人参与、人人尽力"，要发挥个体的积极性、自主性，不能提倡"等、靠、要"思想；"坚守底线、突出重点、完善制度、引导预期"，就是要充分考虑到我国的国情，要坚持保障基本民生，也就是"基本公共服务均等化"，既要让人民有预期感、提高幸福感，同时也不能操之过急；"注重机会公平，保障基本民生"，强调机会均等、起点均等的重要性，全面的公平正义就是要保持经济发展效率基础上有差别的公平。可以看出，"共享发展"的理念与基本公共服务均等化的理论是一致的、内在统一的。研究和丰富基本公共服务均等化理论，可以直接丰富和发展"共享发展"理论。中国执政党和政府的改革理论与时俱进，既离不开丰富的实践经验总结，也离不开思维和理论的创新。

2. 坚持辩证思维方式和科学分析方法，有助于丰富学科研究的内容和思路。

中国具有地广人多、地方千差万别、传统历史文化影响深远等典型特征，因而，在研究中就要多想到"多样性""复杂性""非均衡性""具体性"这样的词汇。不能简单地套用一些时髦理论去评论纷繁复杂的现实，要注意地方的实际情况和中国的历史发展阶段。例如，中国的社会组织成长刚刚起步，农村的市场经济组织也刚刚发育，因而，一些西方现代的市场化、社会化的公共服务理论和政策在目前的中国现实施行中要打折扣，其既有一定可行性并代表改革大趋势，也不能被想象得过分完美，我们在研究和决策咨询时要坚持综合思维和多元要素分析，不能简单地把一些事物拉到一起就比较得出结论。例如，不能把中国最好地方北京、上海的公共服务状况与最差地方贵州、甘肃等地区的大山深处的农村公共服务进行比较，就得出中国差距巨大、问题严峻等结论。西方一些基本公共服务均等化理论和实际状况的运行范围只相当于我们的一个省区，不具有可比性。在坚持理论的普遍性、同一性的同时，还要考虑到我国的特殊性、具体性和时代性。

3. 坚持多个学科理论相结合，有助于拓展研究视野。

一是坚持多学科结合，有利于拓展研究的广度和加强综合性。公共服务均等化不仅仅是一个公共管理问题，更是政治问题、社会问题，还是经济问题。除公共管理学、经济学视角外，还可以运用社会政策、福利政策理论，从社会救济、社会质量、社会和谐等视角剖析基本公共服务均等化的目的价值及其推进路径；可以运用公平正义等政治学理论正确认识处理好公平与效率、同一性正义与差别性正义的辩证关系和制度安排的科学性、合理性。

二是要从制度和体制的高度进行剖析，提升研究视野的高度。早在2007年，项继权教授就指出："我们必须看到，农民的民生问题并不是单纯的经济问题，也不仅仅是农民对物质及公共服务的需求，农民民生问题的背后及其实质是民权问题，或者说，是农民的民生权益平等问题"，"当一个阶级或阶层如此大面积的贫困和落后，我们只能从制度上才能解释。经济贫困在相当程度上是权利贫困的结果，而权利贫困也加深经济贫困"[1]。值得深思。因而，我们的研究除了学习借鉴现代公共管理学理论外，还需要学习借鉴公平正义理论和福利政策理论等。

三、研究思路、内容框架与基本概念界定

（一）研究思路

第一，基础研究。一是梳理研究现状；二是概述现代理论基础（综合政治学、社会学和公共管理学的相关理论）。

---

① 项继权：《构建城乡一体的公共服务体系》，《中国城乡桥》2007年第12期。

第二，宏观分析。一是分析基本公共服务均等化推进的阶段特征；二是分析环境变化（包括国内外的新形势和中央的新政策新理念）对基本公共服务的新需求、新挑战；三是分析基本公共服务政策推行中的难点和机制创新的障碍。

第三，实证研究。选择一个县进行深入调研，分别从义务教育、公共文化、医疗卫生、社会保障等方面进行调查研究。主要围绕发展进程与具体做法、成就和创新、新情况新问题、对改革的需求与建议等内容进行深入具体的调查研究。

第四，总结与建议。综合运用现代理论，结合中央"四个全面"和十八届五中全会提出的"五大理念"等最新政策精神，通过分析调查研究获得的第一手资料，对基本公共服务均等化下一步的机制创新提出若干对策建议，对政策变化和制度变迁的未来趋势提出若干预测。

（二）内容框架

本书由绪论、正文和结论三大部分组成，共有七章。

第一章　绪论。先后介绍了研究的背景、研究的意义、研究的思路和内容框架、相关概念界定、研究样本和研究方法以及研究的创新与不足等。

第二章　理论基础与研究综述。一是理论基础。主要是从多个学科汇集和梳理了有关的西方代表性的理论。其一是公共管理学方面的理论，如新公共服务理论、新公共管理理论、治理理论等；其二是社会政策和社会福利方面的理论，如福利多元主义理论、公民社会权利理论、第三条道路的嵌入社会框架社会福利理论、贫穷问题理论、社会质量理论等；其三是政治学方面的理论，如公平与正义理论等；其四是中国特色相关理论，如构建和谐社会理论、发展社会事业理论和坚持共享发展理念等。目的是运用一些现代理论分析框架和方法，研究和分析我国的基本公共服务改革实践，拓展研究的思路和空间，提升视野高度，追求高瞻远瞩的效果，提高我国改革的预见性、前瞻性。二是研究综述。主要是简要梳理了有关基本公共服务均等化推进实施中的相关研究内容和主要观点。

从第三章到第六章，是实证研究的内容。分别论述了义务教育、公共文化、公共卫生和社会保障四个方面的一些具体的改革进展、存在的问题以及下一步的改革趋势和对策建议等。

第七章 基本结论与政策建议。在前面的实证研究的基础上，概括研究的主要结论：基本公共服务均等化的实践进展，不仅取得了显著直接成效，而且具有更深远的意义；基本公共服务均等化的实现路径具有中国特色，符合中国国情；建立和完善了有效推进工作的压力和动力机制；公共服务方式得到有效的改善，创新能力普遍提高；基本公共服务均等化推进中还面临着许多新的问题和挑战。然后，提出若干完善改革的政策建议：坚持兼顾效率与公平，防止改革出现倾向性偏差；坚持兼容并蓄，积极借鉴吸收世界经验和教训；在公共服务中处理好公益性与市场化的关系；加快地方政府职能转变，完善投入保障机制；扩大社会群众民主参与；进一步优化服务方式，提高服务水平；强化基层组织建设。

（三）基本概念界定

1. "基本公共服务"

"基本公共服务"概念的关键在于"基本"的界定。我国公共服务的"均等化"科学范围必须限定于"基本"。最初在《中共中央关于制定国民经济和社会发展第十一个五年规划的建议》（2005年10月）中，提出的是"公共服务均等化"，并没有强调"基本"："按照公共服务均等化原则，加大对欠发达地区的支持力度，加快革命老区、民族地区、边疆地区和贫困地区经济社会发展"。很快，在随后的中共十七大报告中（2007年10月），突出的变化是统一加上"基本"关键词："缩小区域发展差距，必须注重实现基本公共服务均等化"，"围绕推进基本公共服务均等化和主体功能区建设，完善公共财政体系"。那么，为何要强调"基本"呢？这是因为"公共服务"的范围宽泛，民众的公共服务需求无限，国家财力有限，不可能也没有必要实现所有公共服务的均等化，均等化范围定位为"基本"才是准确的、科学的和可行的。

那么，"基本"的内涵如何体现？我们认为应该包括几个方面：一是公民的"基本权益"，包括公民的基本生存权和发展权，如受教育权、健康权、社会平等权利等；二是文明社会的"基本底线"，在我们社会主义国家，要保障所有的人不能饿死、冻死，不能流落街头；三是国家的"基本职能"和"基本财力"，即政府必须首先实现财力保障并做到的服务内容。根据这样的基本理念，我国基本公共服务的具体内容应当包括两大类：一类是基础服务类，包括义务教育、公共卫生、公共文化和基础设施建设；第二类是生活保障类，包括养老保险、最低生活保障、五保、住房保障、就业保障和医疗保障等。

综上所述，"基本公共服务"可以界定为：是建立在一定社会共识基础上，为实现特定公共利益，根据经济社会发展阶段和总体水平，为维持本国和地区经济社会稳定和基本的社会正义，保护个人最基本的生存权和发展权所必需提供的公共服务，是一定阶段公共服务应该覆盖的最小范围和边界。

本书的实证研究具体内容就是根据"基本公共服务"的范围而确定的。包括"义务教育""公共文化""公共卫生"和"社会保障"四个大的方面，社会保障里具体包括社会救助、养老服务、保障房和留守儿童关怀等几个重点内容，这样就基本涵盖了"基本公共服务"的所有内容，目的是试图对县域的基本公共服务进行一次全面的考察。

2. "均等化"

"均等化"的界定有着不同的思路与标准。首先，可以有不同的字面含义：平均？平等？公平？相同？其次，有着不同的标准：是起点均等、机会均等，还是结果均等、需求均等？因为，每一种不同标准的均等都不尽完美，各有侧重点和指向。

表1-1　不同的均等理论及其评价

均等理论	政策指向	不良后果
起点均等	提供基本的公共服务，对弱势群体和地区提供特别支持，消除"富二代"	可能出现实际结果的不均等

机会均等	赋予并保障人们平等享有公共服务的权利,并提供共享的条件和机会	可能出现实际结果的不均等
能力均等	不同发展水平和条件的人们和地区可以享受不尽相同的公共服务水平	承认并将扩大现实生活中的不均等
结果均等	提供并保证人们实际享受相同内容和标准的公共服务	平均主义,一律化。与多样化和多层次的需求矛盾
需求均等	根据不同的需求提供相应的公共服务,"各取所需""因人而异"	需求具有无限性、多样性、变动性、难以操作和满足

在不同的基本公共服务领域,"均等化"的主导标准是不一样的。如,在"义务教育"方面,主导标准是"起点均等"或者"机会均等",而在"住房保障"方面则体现的是"结果均等",即保障最弱势群体的"住有所居"基本权利。

因而,我国基本公共服务的"均等化"应该是一种"综合均等",是起点均等、机会均等与结果均等的结合。均等化至少要包括三层含义:一是机会均等、起点均等和制度均等;二是通过差别倾斜达到结果的均等,如社会救助;三是自由选择,多样性和个体性选择要具备。总体上,要体现广泛性、普惠性、一体化和公平正义。

3. "县域"

基本公共服务的均等化范围和内容可以从不同层面来划分。如,从社会结构角度划分,可表现为城乡之间的均等化;从地域范围划分,可表现为东部、中部与西部地区之间的均等化;从人群身份的角度划分,可以表现为干部与群众、城市职工与农民等不同群体之间基本公共服务的均等化。

本书界定为"县域",就是把基本公共服务均等化的研究内容限定在县域之内,主要观察的是在整体均等化大环境下,一个县域单位的均等化状况。首先,是县域内部的县—乡—村之间的均等化进展状况。基本公共服务均等化的重点对象就是乡村地区,其内容一般就包括县级—乡镇—农村(社区)三个层面。一个县域内的三个层面之间的均等化是最基本的内容。其次,把"县域"作为一个中等单位,放到整个地方政府甚至国家范围内进行纵向或者横向的比较，也可以具有一定的代表意义。

四、研究样本与研究方法

（一）研究样本介绍

本书采取了实证研究方法，选择了湖北省的一个普通的县级单位——荆县①，作为具体的剖析对象，进行具体情况调研，希望能够以点带面，体现可代表性、典型性的特点。

1. 荆县基本情况

荆县地处鄂西北山区，襄阳市西南部。县境南北长 82.5 公里，东西宽 68.5 公里，总面积 3225 平方公里，占全省总面积的 1.7%。境内山峦重叠，沟壑纵横，地势起伏多变，素有"八山一水一分田"之称。荆山水脉自西向东横贯县境中部，自然将荆县分成南北两部：荆南山势平缓，河谷较宽；荆北山势高突，河谷较窄。平均海拔 910 米。荆县于明弘治十一年（公元 1498 年）建县，至今已有 500 多年建制历史。虽然县级建制时间不长，但历史悠久，这里是楚国的源头，也是荆楚文化的发祥地，楚国先人就是在荆山一带，披荆斩棘，筚路蓝缕，逐步发展壮大。据史书记载："周成王时（公元前 1042 年），封熊绎于荆山，为楚子，居丹阳（今荆县重阳）。"公元前 704 年，熊通在荆山自立为楚武王，正式有了楚国的称号。后来楚文王走出荆山，移都江陵，楚国 800 多年历史在荆县有350 多年。

荆县共辖 11 个乡镇、257 个村、19 个社区，总人口 28.2 万。2007年被纳入国家比照享受西部大开发政策县，2009 年被省委、省政府确定为全省脱贫奔小康试点县，2011 年 8 月被纳入全国秦巴山集中连片特困地区扶贫开发重点县。2015 年底，地区生产总值（GDP）为 102 亿元，地方财政总收入 13.15 亿元，地方公共财政预算收入 11.5 亿元。县域经济发展在全省考核排名 35 位（全省共 64 个县和县级市，不包括市辖区）。

---

① 按照学术惯例，本研究中的县域地名进行了技术处理。

2013—2014 年，在全省县域经济分类考核中连续两年位居 29 个山区县（市）第五名。荆县多项工作在全省有位次，在全国有影响。先后获得全国文明县城、全国计划生育优质服务工作先进县、国家水土保持生态文明综合治理工程县、全省县域经济工作成绩突出单位、全省旅游发展先进县、全省科普示范县等荣誉称号。

2. "十二五"期间公共服务发展状况（2010—2015 年）①

"十二五"是荆县项目建设提速增效、后发优势日益凸显的五年。五年累计完成全社会固定资产投资 525 亿元，是"十一五"时期投资总额的 5 倍。

一是城乡基础设施水平全面飞跃。三条高速公路先后建成通车或通车在即，结束了荆县没有高速的历史。改造提升干线公路 320 公里，新修通村水泥路 781 公里，实现了村村通水泥路；兴建各类饮水工程 1283 处；实施国土整治 12 万亩；建设通信基站 795 个。社会事业项目建设实现新突破。文化馆、博物馆、图书馆、档案馆开工建设，改扩建乡镇文化站 10 个，新建村文化室 147 个；新建、改扩建校舍 11.4 万平方米，维修改造校舍 16.8 万平方米，新建塑胶运动场 4.4 万平方米；完成中医院整体搬迁和县医院改扩建工程，累计建设"四化"乡镇卫生院 10 家，"五化"村卫生室 264 个。

二是新型城镇化进程加快、人居环境大为改善。以旅游化标准统筹城乡建设，城镇化发展质量不断提高。完成了县城区总体规划、乡镇总体规划修编，实现了城乡规划全覆盖。城市基础性、支撑性功能项目系统推进，沿河景观、绿化亮化、污水垃圾处理、城市天然气工程建成投入使用，城市功能进一步完善。城市"网格化"管理深入实施，市容市貌、环境卫生明显好转，城市品位进一步提升。建成省级森林城镇 1 个、绿色示范村 14 个、生态村 22 个，市级绿色示范村 26 个，城乡面貌焕然一新，人居环境更加优美。龙坪镇荣获"全国环境优美乡镇"称号。尧治河村、

---

① 材料来自荆县《政府工作报告》和工作总结。

格栏坪村入选"中国最美休闲乡村"。

三是社保体系逐步健全、群众福祉持续增进。就业规模持续扩大，五年新增城镇就业2.6万人，转移农村劳动力2.1万人。城乡常住居民人均可支配收入大幅增加，五年分别增加12313元和5368元。社会保障体系不断健全。城乡社会养老保险和医疗保险覆盖面不断扩大；企业退休人员养老金、城乡最低生活保障标准明显提高；实施低保救助10.5万人次、医疗救助4.2万人次。建设保障性住房和棚户区改造住房4120套，改造农村危房7544户，解决了4万人住房难问题。城区公交1、2号线全面开通，居民出行更加方便。扶贫开发深入推进，9.05万人实现稳定脱贫，脱贫奔小康试点县建设综合考评连续六年蝉联全省第一。生态环境质量明显改善，主要污染物排放量逐年削减，空气清洁指数、水环境质量远远高于全省平均水平。省级生态县创建顺利通过考核验收。

四是社会事业全面进步、和谐荆县建设成果丰硕。科技创新能力进一步增强，新增国家高新技术企业3家，高新技术产业增加值占GDP的比重达到14.3%。教育质量和办学水平明显提高，学前教育快速有序发展，义务教育均衡发展通过国家验收，中职、高中和特殊教育发展水平实现新提升。城乡基本医疗和公共卫生服务体系逐步健全，基层医疗机构全部实行国家基本药物制度。计划生育工作连续多年位居省、市前列。国家公共文化服务体系示范区创建高位推进，农家书屋和农民健身工程实现村级全覆盖，非物质文化遗产保护工作得到加强。

（二）研究样本的合适性

本研究选择样本的合适性主要表现在三个方面：

1. 研究范围和层级的合适性

作为实证研究，从研究范围的分类看，可以大到一个省级单位，小至一个乡镇、一个村组，居于中间的就是市级、县级单位。如果以一个省级单位为研究样本，具有概括性、整体性等宏观特性，相对适合代表中国区域级差方面的比较研究，如东部、中部和西部区域之间的比较，如湖北省、湖南省可以代表中国的中部省区和中等发展水平情况，江苏省、广东省可以代表中国的东部和发达地区情况，甘肃省、贵州省可以代表中国的西部和欠发达地区等。如果以一个乡镇和村庄的实证研究，做深入细致的剖析，虽然也可以做到窥一斑而知全豹效果，但是，实际上不可避免地具有非常突出的地域特色、民族特色、历史文化特色等，更具有微观具体性、地域性甚至偶然性，极具个性特色，不一定具有客观全面性和代表性。本书侧重于具有全国意义的政策性的研究，要保证具有一定的代表性，在区域大小上，至少应该是一个县级单位，层级上是中等，可以做到整体性与具体性的统一，体现基本的代表性。

2. 样本组成要素的总体适中性

荆县是一个非常普通的县，是一个基本要素适中的县。区位上位于我国中部地区，又是湖北的中部，整个社会经济发展状态大致也是中国的中等水平；地理位置居于湖北中部，面积中等；经济上在湖北位居中部（全省 64 个县市的第 35 位）；作为一个山区县，也是普通的一个山区县；文化上处于荆楚文化与中原文化交汇地方，所隶属的襄阳市就是兼有南北两种文化的混合体。

3. 基本公共服务均等化相关国家政策的集中惠及区，具有研究变量的典型性

一是山区县；二是比照享受西部大开发政策县；三是湖北省脱贫奔小康试点县。这些特点都决定了荆县是推行基本公共服务均等化的重点地区，也是各类相关政策的集中惠及区，这几年在基本公共服务方面的发展变化非常快，因而，是政策有效验证的实验区。

当然，本样本也有缺陷：如，人口规模比较小；以山区为主，地理环境单一；文化不够发达等。

（三）研究方法

1. 文献研究方法

一是对国内相关研究文献的汇总和梳理，主要是对近期国内主要期刊文章、著作的分类梳理，归纳基本的研究内容框架，汇总基本观点，吸收精华，发现薄弱环节和没有涉及的空间。

二是对国外的相关理论进行学习和整理。主要包括三个学科角度：其一是公共管理学方面的理论，如新公共服务理论、新公共管理理论、治理理论等；其二是社会政策和社会福利方面的理论，如福利多元主义理论、公民社会权利理论、第三条道路的嵌入社会框架社会福利理论、贫穷问题理论、社会质量理论等；其三是政治学方面的理论，如公平与正义理论等。

三是对当前的党和政府的最新改革政策、理论和理念的学习掌握，如，十八大报告、十八届三中全会报告、十八届五中全会报告和习近平治国理政思想等，以加强研究的时代性和现实针对性。

2．实证研究方法

本文选择了一个具体的县为样本，进行实证研究。主要选择了义务教育、公共文化、公共卫生和社会保障几个主要的基本公共服务内容，分别进行剖析。

3．比较研究方法

一是国内外理论分析框架和研究方法的比较；二是多学科的比较，如公共管理学、政治学、社会学以及经济学的不同研究视角的比较；三是研究个案与全国基本情况的比较。

五、创新与不足

（一）若干创新

1．强调基本公共服务均等化的实现路径应该符合中国国情，具有中国特色。同时，要兼容并蓄，强调注意吸收借鉴世界经验和教训，注意未来发展趋势。

2．强调政策重点应该是从赶超战略转向制度和机制完善，要从行政推动为主逐步转向扩大社会民主参与，创新社会参与机制，逐步推进国家治理体系和治理能力的现代化。

3．强调注意均等化的理性的范围边界，坚持共享发展的可持续性和渐进性，强调正确认识和处理好长期性与阶段性、一般性与地域性、普惠性与层次性的关系。

4．强调坚持效率与公平的统一，防止改革出现倾向性偏差。进一步强调坚持多元主体和责任平衡，处理好公益性与市场化的关系。

5．强调前期的"均等化"标准是国家标准，是基本的，具有统一性、标准化的特点。而今后的发展趋势和工作重点应该是体现差异性、多样性和层次性，实现精准化的均等化。

（二）存在的不足

1．在研究内容上分别从四个方面论述之后，缺乏总体性概述和整体性的比较。

2．在研究方法上，现代研究方法运用不够，停留在"现象—问题—原因—对策"常规性的论述，角度不够新颖。

3．在具体论述上，现象描述较多，但是理论剖析的深度还不够，有些内容观点新意不够。

4．在语句表述上，政策性、报告性用语较多，在一定程度上冲淡专业学术性色彩。

第二章 理论基础与研究综述

基本公共服务的相关内容，如教育、文化、医疗卫生、社会保障等是社会活动的最基本内容，不仅是政府的最基本的职能，也是多个专业领域关注和研究的内容，从公共管理学到政治学，从社会学到经济学，都有重要的理论研究范畴和框架。本书侧重选择了三个领域的最新理论体系，分别归纳梳理了公共管理学方面的新公共管理和新公共服务理论、社会学方面的社会政策和福利社会理论以及政治学方面的权利和公平正义理论等，这些理论更多侧重于国外，因为国内的研究已经安排在前面的"研究现状"里。最后，也加上了一些我国改革开放以来，尤其是十八大以来治国理政的相关理念和政策。

一、理论基础
（一）新公共管理和新公共服务理论
1. 新公共管理理论及其启示

新公共管理是相对于传统官僚制的一种新的理论和新的政府管理模式，是把现代企业的"管理主义"运用到政府管理的产物。大致从20世纪80年代开始从欧美到澳洲，西方发达资本主义国家掀起了一股政府改革热潮，目标是提高效率，减低成本，提升满意度，主要的改革取向是自由化和市场化。一是管理的自由化。从政府内部管理效率看，新公共管理理论认为传统官僚制的不良绩效的主要原因是"坏制度"，即繁文缛节约束了公务员能力的发挥。因此，要提高绩效，必须把公务员从繁文缛节中解放出来。从整个社会和市场的效率和成本角度看，新公共管理理论认为国家和政府作为非市场力量，会扭曲社会资源的有效配置。因此，他们重新强调自由市场的价值，批评政府过多干预的弊端，转向主张用市场过程取代政治或政府过程进行社会资源的配置，并做出相应的制度安排。所以，需要放松规制并进行分权。二是管理的市场化。市场化有两个基本表现：竞争和私营部门的参与。竞争是提高效率、降低成本的最有效的机制之一。而私营部门的管理能力和技术要优越于公共部门。市场化改革的目的就是在为政府减负，同时也意味着政府放权。

在奥斯本和盖布勒的著作《重塑政府》里提出了"企业家政府"，这是新公共管理理论的集中体现。企业家政府理论被概括为十项基本原则：

一是掌舵而不是划桨；二是授权而不是服务；三是把竞争机制引入到提供服务中去；三是改变按章办事的组织；五是按效果而不是按投入拨款；六是满足顾客的需要；七是有收益而不浪费；八是预防而不是治疗；九是从等级制到参与和协作；十是通过市场力量进行变革①。

新公共管理理论不仅对西方 20 世纪的改革起到了指导作用，而且，对中国的改革也起到了极大的影响作用。可以认真回顾和审视我国几十年来的改革，许多理念和措施都有新公共管理的影子。这是因为我们的问题也是大政府问题，与西方二战以后确立的大政府和福利国家有许多相似之处，因而，也出现共同的问题和改革的需求。

如，新公共管理的理念是"掌舵而不是划桨"，摆正政府角色，相应地我国的改革要求是"转变政府职能"，实行政企分开、政社分开等，在公共服务方面就是政府的正确定位是制定好政策，优化好环境，具体的服务可以由市场和社会组织来提供，实行购买服务；新公共管理的理念是"授权而不是服务"，相应地我国的改革要求是"简政放权，减少审批"，基本都是放松管制，要善于授权，扩大社会和公民的参与；新公共管理的理念是"竞争性政府"，相应地我国的改革要求是打破政府垄断，实行多

---

① ［美］奥斯本等：《改革政府：企业家精神如何改革着公共部门》，周郭仁等译，上海译文出版社 2006 年版，序言第 2 页。

元竞争；新公共管理的理念是"顾客至上，顾客满意"，相应地我国的改革要求是建设人民满意的服务型政府；新公共管理的理念是"以市场为导向的政府"，相应地我国的改革的大趋势是对许多公共部分推行市场化改革；等等。可以说，我们的许多改革创新和成就里有新公共管理理论的贡献。当然，就像西方后来的"新公共服务"理论里质疑和批判新公共服务理论的不足一样，在我们的基本公共服务均等化的运用中，也有许多消化不良或者运用不当的地方，需要改进和完善。总之，对此理论我们要坚持扬弃的辩证理念。

2. 新公共服务理论及其启示

新公共管理理论在其风靡的同时也遭到了来自多方的质疑。其中新公共服务理论是其中的代表。罗伯特·B. 登哈特和珍妮. V. 登哈特在民主社会的公民权理论、社区和市民社会的模型、组织人本主义和组织对话的基础上，提出了新公共服务的七大原则：

（1）服务于公民而不是服务于顾客。政府与公民的关系不同于企业与顾客的关系，政府不应一味投顾客所好，尤其不能仅仅关注"顾客"的自私短期利益，而不坚持公平与公正至上。相反，必须教育公民关心社区公共利益，强调公民必须对一些短期利益的事务承担责任。政府一方面要对"顾客"的要求做出回应，另一方面还要集中精力与公民以及在公民之间建立信任与合作关系。

（2）公共利益是目标而非副产品。政府及其公务员必须致力于牢固树立集体的、共享的公共利益观念，要创造共同利益和共同责任，而不是简单地找到快速解决问题的方案。不应该仅仅通过促成妥协而简单地回应不同的利益需求，而应当积极地为公民沟通对话提供平台，促进共同价值观念的表达和形成，鼓励公民采取一致的行动。

（3）追求公民权胜过重视企业家精神。公务员与企业家不同，他们不是机构和项目的所有者，只是公共资源的管理者、公共组织的监督者，公民才是所有者。因而公务员的责任是公民权利和民主对话的促进者。公务员不仅要分享公共权力，依靠公民来工作，通过中介服务来解决公共问题，而且还必须将其在治理过程中的角色定位为负责任的参与者，而非企业家。

（4）战略地思考，民主地行动。政策制定和有效执行的前提是扩大民主参与。政府要支持群体和个体参与社区契约的订立活动，恢复原本应有的公民自豪感和责任感。通过集体努力和合作过程，可以使满足公共需要的政策和项目得到最有效并且最负责的实施。

（5）承认职责，责任具有多样性。新公共服务中的责任具有多样性，公务员应关注的不只是市场，他们还应该关注宪法法律、政治规范、社区价值观、职业标准以及公共利益等。

（6）服务而非掌舵。对于公务员来说，更重要的责任是要在共同价值观的指导下帮助公民充分表达，并满足他们的共同利益，而不是试图掌控社会的发展方向。政府的角色应该从控制转变为议程安排，为公共问题协商解决提供便利条件。公务员扮演的角色不再是服务的直接供给者，而是调停者、中介人甚至裁判员。

（7）重视人而不只是重视生产率。简单地说组织管理就是从原来的控制人转变到尊重人，这样才有利于培养出具有责任心、献身精神和公民意识的雇员和公民。①

该理论的许多理念和建议对我们建设服务型政府有直接的启示价值。新公共服务理论提出和建立了一种更加关注民主价值与公共利益，更加适合现代公共社会的新的理论选择。该理论是对新公共管理理论的扬弃和发展，符合我国推进国家治理体系和治理能力现代化的要求。结合基本公共服务均等化，我们可以得出若干启示：

一是推进基本公共服务均等化的服务价值，不只是简单的维护社会稳定和谐的手段，更是坚持人民主体地位，保障公民权利和促进社会公平正义的要求和体现。二是政府不仅要为公民提供优质的基本公共服务，还要

---

① 珍妮特·V.登哈特、罗伯特·B.登哈特：《新公共服务：服务，而不是掌舵》，丁煌译，中国人民大学出版社 2014 年版，第 38—39 页。

培养公民的参与意识和能力，要控制社会个体的自私短期利益诉求，要加以合理引导，培养公共精神，促进社会的成长。三是政府要积极创造机会和平台，促进公民参与，加强政府与公民之间、公民相互之间的协商合作。四是在服务方式上，要变单向的政府直接给予为创造良好的机遇和环境，激发个人奋斗，不仅要共享发展成果，更要共享发展机遇。五是要提高公务员的社会责任感和使命意识，消除急功近利思想，同时加强对公务员的关爱。

（二）现代社会福利理论

早在 20 世纪 20 年代，被称为"福利经济学之父"的英国著名经济学家庇古就出版了代表作《福利经济学》，西方经济学家把他创立的福利经济学称为旧福利经济学。庇古提出两个基本的福利命题：一是国民收入总量愈大，社会经济福利就愈大；二是国民收入分配愈是均等化，社会经济福利就愈大。虽然西方发达国家的社会发展已经超越这个阶段，对他们来说已经是"旧福利经济学"了。然而，对于我们来说，作为一个正处在中等发展阶段并且就要迈入初步发达国家门槛的国家，可能仍有一定的指导意义。它至少给我们以下启示：做好公共服务均等化的前提是要大力发展生产力，做大整个社会的蛋糕，同时积极推进基本公共服务均等化，发展与均等两个方面都要做好。

西方的福利社会理论非常发达，尤其是现代理论，流派纷呈，丰富多彩，能给我们更多更新的启示，因而，本书重点归纳近期的一些代表性的理论。

1. 福利多元主义理论及其启示

福利多元主义理论是在总结西方二战后福利实践教训基础上提出的，它主张社会福利既不能完全依赖市场，也不能完全依赖国家，福利是全社会的产物，应该有多元来源。罗斯（Rose，1986）提出社会福利来源于三个部门：家庭、市场和国家。将三方提供的福利整合，就形成了一个社会的福利整体。伊瓦思（Evers，1988）称之为福利三角。三者之间具有互动关系。约翰逊在三个主体的基础上加上了"志愿机构"，形成四个部门，丰富了福利多元组合的内容。该理论成为20世纪80年代以来超越凯恩斯—贝弗里奇模式的一个社会福利研究新范式。从实践看，现代西方国家福利政策基本都坚持多元主义，只是不同的国家在三者中有不同的偏重，如美国偏重于家庭和市场，瑞典偏重于国家部门。

基本公共服务政策的制定和实施不能由国家大包大揽，除政府要承担必不可少的职责之外，人民的福利还可以通过就业从劳动力市场上获得，家庭也有重要功能，三者互为补充。当市场和家庭都出现问题的时候，国家就必须承担不可推卸的责任。不能过分强调国家的责任，或者过高地宣扬国家给大家送来的共享成果，要避免社会依赖等问题的出现。我国的国情是人口多、底子薄、地域广而差别大、发展任务重，在基本公共服务供给上更需要维持多元平衡。

十八届五中全会提出的"共享发展"理念，具有科学准确的表述。发展成果不仅要"人人享有"，前提还要"人人参与、人人尽力"，要首先发挥个体的积极性、自主性，不能提倡"等、靠、要"思想；"坚守底线、突出重点、完善制度、引导预期"，就是要充分考虑到我国的国情，要坚持保障基本民生，也就是"基本公共服务均等化"，既要让人民有预期感、提高幸福感，同时也不能操之过急。关键是要避免地方各级政府的执行者不能出现理解偏差和行为偏差。

2. 贫穷问题理论及其启示

有关贫穷问题的研究一直是众多学科关注的重点和难点，也是福利理论的重要内容。首先，是对贫穷的界定和分类。贫穷可以分为绝对贫穷和相对贫穷。瑞恩（Rein，1970）指出"所谓绝对贫穷，是指在特定的社会生产方式和生活方式下，个人或者家庭依靠劳动所得或其他合法收入，不能满足最基本的生存状态。"[①] 绝对贫穷可以通过一些具体的指标来测量。随着社会经济的发展和现代化的到来，人们把更多的研究目光投向相

① 参见彭华民等：《西方社会福利理论前沿——论国家、社会、体制与政策》，中国社会出版社2009年版，第343页。

对贫穷。相对贫穷内涵比较丰富，主要是指同一时期由于不同地区之间、各个社会阶层之间和各阶层内部不同成员之间的收入差距而产生的贫穷。相对贫穷通过群体比较而得出结果，它常常反映社会公平问题。

其次，是有关贫穷的成因分析和解决对策。一是社会分层理论，即根据收入、财富、声望、教育、职业、住房等标准，可以把社会成员分为上层、中层和底层，处在的最底层的就是贫穷人群。因而，贫穷问题的消除与社会结构的改变、社会流动和社会平等建立有关。二是文化范式贫穷理论。它侧重的是贫穷问题中的非经济因素。贫穷不仅仅是某些社会成员缺少生存所必需的生活资料，还包括这些成员的主观感受、生活方式、个人素质、教育程度和社会隔离等。因而，消灭贫穷是一个持续的过程。不仅要改变社会结构，保障社会公平，而且还要加强教育水平、提高个人素质和能力、改变生活方式等。三是新贫困理论。米德（Mead，1991）等人按照相对贫穷的成因，提出了新贫穷的新政治观点：下层阶级的贫穷源于机会的缺乏而不是无能力或者是不愿意利用机会。改变贫穷的性质在于改变我们的政治基础。①

摆脱贫穷，走向共同富裕，建成小康社会，一直是社会主义建设和改革的主要目标之一。保障基本民生，推进基本公共服务均等化就是有效消除贫穷的重要方式之一。西方有关贫穷问题的理论，对我们做好基本公共服务具有许多启示和借鉴价值。一是根据贫穷成因的社会分层论，我们应该加强社会建设，优化社会结构，壮大中等收入阶层，变金字塔形结构为橄榄形结构；加快社会的流动，防止利益阶层固化和垄断；为底层人群提供更多服务和机会等。二是借鉴文化范式理论，我们确实应该在经济扶贫和加强基本公共服务的同时，还要加对强弱势群体的素质教育，改变一些落后的思维观念，提升自我能力，以及优化生活方式等。三是借鉴新贫困理论，促进社会的公平，保障人民的基本权益。

---

① Mead, L. M. *The New Politics of New Poverty*. Public Interest, Spring, 1991：103–106.

3. 积极社会福利理论及其启示

从 20 世纪 90 年代开始，欧洲诸国具有社会民主主义倾向的政党，如英国的工党、法国的社会党等开始倡导和响应第三条道路。它被看作既不同于自由主义又不同于社会民主主义的一条中间道路。第三条道路思想涉及政治、经济、社会等各个方面，其中有关社会政策和社会福利的代表理论是吉登斯的积极社会福利理论。

吉登斯（2000）认同社会民主主义对自由资本主义的批判，因而强调国家的作用，并通过福利国家制度创造更平等的社会。新自由主义不相信大政府理念而信赖自由市场。两种意识形态具有对立性，都无法很好地应对福利国家危机，福利国家需要去超越左与右的分界，寻求一条新的社会政策发展道路，即第三条道路。首先，吉登斯批判了传统福利国家的弊病：（1）福利国家没有有效地解决经济不平等和两极分化问题。贫困的缓解主要不是通过再分配，而是通过普遍富裕。（2）福利国家普遍建立的社会保险，只能解决可以预见的、呈现一定规律的外部风险，如生育、养老、工伤、失业和疾病等，但是，却不能很好应对人为的不稳定风险。（3）人们通常认为福利国家危机的主要症结是财政来源危机，其实应当表述为资源的组织方式问题，即组织方式安排与需要解决的问题不相适应，才造成了一系列问题。（4）福利国家采取的大部分福利措施是来解决已经发生了的问题，而不是切断问题发生的根源，化解危机的根本应是风险管理。吉登斯提出了一系列积极福利的构想，"我们应当倡导一种积极的福利，公民个人和政府以外的其他机构也应当为这种福利作出贡献，而且它还有助于财富的创造"①。其积极福利的具体构想是：（1）发展自我。即培养社会成员的"自发地带有目的的自我"。这样才使大家不会回避风险或者依赖他人来解决问题，而会自己积极地面对风险。（2）多元合作。强调政府和其他部门合作解决问题。（3）风险管理。即防患于未

---

① ［英］安东尼·吉登斯：《第三条道路：社会民主主义的复兴》，周戈译，北京大学出版社 2000 年版，第 121 页。

然，尤其是对人为风险要做好事先预防，提供防范措施，保护人们免受更多的风险影响，减少资源浪费。（4）终极幸福。积极福利的终极目标是鼓励人们追求全面幸福，包括安全、自尊和自我实现的机会等。①

吉登斯的积极社会福利理论与我国的改革现实具有切合性，对我国的基本公共服务均等化（包括社会保障）政策实施具有非常直接的借鉴意义。一是要坚持积极性政策，加强风险管理，变被动为主动，提高政策的主动性、先导性和预见性。二是要坚持综合性改革。不能就社会问题谈社会政策，而是要把社会问题与整个国家的政治、经济、社会等各个方面融合起来。三是要强调个人和社会对他人的责任感。正如十八届五中全会提出的要坚持人民主体地位，要倡导人人参与、人人尽力，大众创业、万众创新。既要消除等靠要思想，还要积极倡导相互帮助、参与互动的社会主义集体文化。四是政府要积极主动地与其他部门良性互动，建立协调的政府—市场—社会组织之间相互关系，发挥好非政府组织的作用。

4．社会质量理论及其启示

社会质量理论是近年来出现的新的社会理论。"社会质量"这一概念有别于"生活质量"概念，它反映了社会整体的状况，是指"公民在那些能够提升人们的福利状况和个人潜能的环境条件中参与社区的社会经济生活的程度"，"一个社会的社会质量状况取决于该社会的社会、经济和文化，社会组织、居住地和群体的特征"②。其实质是建立一个有助于公民幸福生活和潜力发展的良好社会环境。据此理论构建了一套对于"社会质量"状况的分析和考察框架和方法。为了提升"社会质量"，该理论确定了一些具体的政策目标，包括保护公民免受暴力和生态环境恶化的威胁，具有获得医疗照顾的机会，有获得终身教育和培训的机会，使人们享有良好的基本生活条件，消除社会歧视等。该理论虽然还处在不断完善阶段，但是其观念具有时代性和现实针对性，正在被人们接受。其核心理念

---

① 参见彭华民等：《西方社会福利理论前沿——论国家、社会、体制与政策》，中国社会出版社2009年版，第343页。

② Beck. （eds） *The Social Quality of Europe. EU：Kluwer Law International* ，1997.

是强调要在经济发展与公民权利保护、经济政策与社会政策、经济效应和社会效应等方面建立起平衡关系，反对以环境、劳工利益或者社会权益为代价来追求片面的经济增长，强调发展的"可持续性"，有的倡导者还提出了"可持续的福利社会"口号。该理论力图改变人们把一些经济指标（如 GDP）作为衡量发展程度的主要指标，认为要采取许多社会发展指标来综合反映社会质量及其发展程度。

社会质量理论与我国的科学发展观和和谐社会理论有着许多一致的精神和内容。一方面，有利于进一步拓展视野，深化对加强社会建设、保障基本民生、实现社会和谐的重要价值的认识；另一方面，也有利于为我国的社会建设提供许多具体的内容指标借鉴。例如，欧洲社会质量研究基金会提出了比较系统的社会质量指标体系，该体系涉及 18 个领域以及 45 个亚领域，包括 95 个指标。①

（三）公民权利保障与公平正义理论

1. 公民社会权利理论及其启示

马歇尔（Marshall，1950）指出，公民身份有三个重要的成分，或者是三个方面的权利：一是民权，如人身自由等；二是政治权，如选举权、参与权等；三是社会权利，"是指一系列从少量经济福利及保障到充分分享社会传统与由社会呈现的文明生活标准的权利"。②接着，提出了在资本主义市场经济背景下的公民权利平等问题。他认为公民权利的本质应该是平等的，每个人都拥有平等的法律、政治自由和基本生活待遇保障的权利。但是，自由市场竞争机制必然导致弱势群体的社会权利不平等，进而影响到人权和政治权利的平等享有。而福利政策就是保障社会权利平等的表现或者载体，福利国家是社会权利的制度安排，尤其对于资本主义经济，它有助于减轻市场产生的社会和经济不平等。该理论是从公民权利平

---

① ［美］约翰·罗尔斯：《正义论》，何怀红等译，中国社会科学出版社 1988 年版，第 302 页。

② Marshall, T. H. *Citizenship and Social Class and Other Essays.* Cambridge：Cambridge University Press，1950，pp. 10 – 11.

等角度论证和维护福利制度。但是，从 20 世纪 70 年代以后，随着福利制度在实施中问题的出现，人们对此理论又进行了发展，出现了"后社会权利理论"，在保障公民权利的同时开始强调了公民责任。

公民社会权利理论对我们社会主义中国具有直接的现实意义。中共十八届五中全会提出"共享发展"理念，既要共享发展机遇，又要共享发展成果，实质是保障和实现社会权利的平等。基本公共服务均等化的根本目的就是要解决社会权利不平等问题。一方面要解决传统二元体制下的农村和社会群众的部分"权利缺失"问题，实行城乡一体化和干部群众一体化。另一方面，还要解决市场经济背景下弱势群体社会权利"不平等"问题。

2. 罗尔斯的正义论及其启示

罗尔斯认为，所有社会价值——自由与机会、收入与财富以及自尊的基础都应平等地分配，除非任何价值的不平等分配对每一个人都是有利的。这个一般的正义观又可分解为两个层次。第一个层次：每一个人都有平等的权利去拥有与别人类似的自由权并存的最广泛的基本自由权。第一个层次用于确定和保障公民的平等自由。第二个层次：社会的和经济的不平等应该这样安排———是差别原则，在与正义的储存原则一致的情况下，适合于最少受惠者的最大利益；二是机会的公正平等原则。① 第二个层次实际上就是对"最少受惠者"即弱势群体的救济扶助，通过表面不平等的政策倾斜而实现结果的大致平等，我们的均等化政策也包含其精神实质。罗尔斯强调，第一个层次是优先于第二个层次的，即只有第一个层次被满足后才能满足第二个层次。其实质是首先要保证自由和效率，然后去实现有差别性公平，这才是完整的正义。

要坚持效率与公平的统一。分配公平的前提是要保证蛋糕做大，要有利于效率的提高。因而，首先应该促进社会的自由，保障社会的机会平

---

① ［美］约翰·罗尔斯：《正义论》，何怀红等译，中国社会科学出版社 1988 年版，第 302 页。

等，创造良好的发展环境，建立公平、公正、自由的市场经济竞争环境，促进和保障效率的提高，促进经济的发展和繁荣。不能为了平等而牺牲效率，更不能鼓励以公平的名义压制效率；其次，再通过有差别的措施、不平等的倾斜政策实现基本公共服务的均等化。对有利于提高自身能力、把握公平机遇的基本公共服务尤其要重视，如教育、就业、医疗等。最后，更深远的是要调整社会结构，改革社会制度，从制度层面保证公平正义。正如罗尔斯所说："一个社会，当它不仅被设计的旨在推进它的成员的利益，而且也有效地受着一种公开的正义观管理时，它就是组织良好的社会"。

3. 同一性正义与差异性正义理论及其启示

国内有的学者在罗尔斯正义论的基础上，根据人的特性提出了同一性正义与差异性正义，并进一步延伸到了"分配正义"。易小明（2006）认为，正义是人的正义，人是同一性和差异性的统一，基于人的同一性和差异性，可以将正义分为同一性正义和差异性正义。同一性正义是指"相同的人得到相同的对待"。而差异性正义则指"不同的人通过符合比例原则而得到不同的对待"。差异性正义原则下的"人"是群体和个体意义上的人，它承认并尊重人的差异性，是对人的个性的彰显，强调的是人与人之间的差异。基于人的差异性的正义原则内在关联效率。[①]

实现分配正义就是要实现同一性正义与差异性正义的协同，正义只有在二者的协同中才会充分实现。这种协同体现在二者相互推进、相互规范、相互依存上。相互推进指同一性正义与差异性正义相互为对方的发展提供保障。互相规范指两者互为对方的发展提供必要限制，防止任何一方因过度发展而走向非正义——同一性正义过度发展就会走向平均主义，导致社会发展毫无生机与活力；差异性正义过度发展就会走向两极分化，造成社会发展的不稳定、不和谐，可见无论哪一方过度发展都不利于正义的完全体现和社会的发展。相互依存是指任何一方的存在与发展都必须依靠

---

① 易小明：《论差异性正义与同一性正义》，《哲学研究》2006 年第 8 期。

另一方的推进与制约。①

根据我国的国情，坚持分配正义原则，要具体体现在两个方面。一方面，在城乡基本公共服务均等化的价值上要坚持同一性分配正义。即在政治、法律等领域要坚持权利平等，强调人生而为人所具有的同等性以及基本权利，城乡基本公共服务均等化就是要按照同一性正义原则公平、平等地分配基本公共服务，消除二元社会结构，消除城乡差距，使城乡居民平等、公平地享受符合地域特点和自身需求的等值的公共服务。因此，要促进城乡融合，打破城乡公共服务的二元分立，建立城乡基本公共服务的一体化体制；要扩大基本公共服务的内容和服务对象的覆盖面，实现城乡基本公共服务全覆盖；要保证制度公正，消除城乡基本公共服务在资源占有、服务条件和服务能力上的差距，推进基本公共服务的等值化。另一方面，在城乡基本公共服务均等化的具体供给上要体现差异性分配正义。其主要目的是防止走向平均主义，否则必然损害效率，最终影响公平正义。正确的选择应该是在城乡差异型公共服务方面实行差异性供给，加强对农村地区、落后地区和弱势群体的供给，实现大致的终点公平。

4. 公共财政的公平理论及其启示

公共财政的基本理论是以市场经济为出发点，把市场失灵作为财政存在的根本理由，把提供公共产品和满足公共需要作为财政活动的目的，从而建立起一套关于财政理论的基本分析框架。公共财政理论的奠基人亚当·斯密在其经济学著作《国富论》中，将政府财政的管理范围和职能限定在公共安全、公共收入、公共服务、公共工程、公共机构、公债等范围，基本确立了公共财政理论的框架。布坎南明确提出了"财政公平"这一概念，并具体论述到：任何两个拥有相同福利水平的人，在同一联邦体制内，不论其居住在联邦内的什么地区，都应享受到联邦公共部门的同样待遇。政府必须对所有经济主体和社会成员提供"一视同仁"的服务，

---

① 易小明、刘国新：《分配正义与城乡基本公共服务均等化——基于同一性正义与差异性正义的分析》，《甘肃理论学刊》2015年第5期。

应该给国内居民提供同样的基本公共服务，这是一种基本的国民待遇。①

　　财政公平在基本公共服务方面的主要体现：均等化的转移支付。"均等化转移支付是指以客观、科学地评估收入能力和支出需求为基础，以各地政府能够提供基本均等的公共服务为目标而实行的转移支付"②。当前中国地方政府在推进基本公共服务均等化方面的最大体制性障碍就是财权与事权的不均等。越穷的地方、基本公共服务均等化职责越重的地方，恰恰财政能力越弱。在分税制背景下，地方之间的财政能力差距在扩大，这就必须靠中央转移支付的差异性对待。"均等化的转移支付"实质就是为保证实现基本公共服务均等化，体现事权与财权均衡而实施的有差别的财政转移支付。

（四）中国特色的相关概念和政策理论

　　与基本公共服务均等化相近的概念很多，因不同的历史发展阶段的任务和工作重心的变化，在党的政策文件中和政府工作报告中，常常会有不同的表述。如"保障民生""建设服务型政府""加强社会建设""发展社会事业"以及"坚持共享发展"等。这些政策概念有许多重叠的内容，也有不同的侧重点，共同构成了中国公共服务的具有主导性的基本理念和理论体系。因而，是直接指导中国推进基本公共服务均等化的纲领性政策和理论。

　　1. 保障基本民生

　　（1）民生的涵义及内容

　　民生是中国传统文化中的概念，中国有"民生"而没有"社会建设"的概念。民生有广义和狭义之分。广义民生主要是指民众的基本生活状态、民众的基本发展机会以及基本发展能力。"保障基本民生"中的民生就是狭义上的民生。

---

　　① 参见王袅：《基本公共服务均等化的理论基础与实现形式》，《中国管理信息化》2015年第10期。

　　② 王袅：《基本公共服务均等化的理论基础与实现形式》，《中国管理信息化》2015年第10期。

　　基本民生的内容范围应该有严格界定，不能随意地把其外延无止境地扩展。目前通行的可比的民生基本框架一般来说是"3＋2"，其中"3"就是社会保障、义务教育、公共卫生，"2"是指就业保障和住房保障。

　　不论是中共十七大报告还是十八大报告，都把基本民生的内容概括为六个方面，基本民生内容体系是一样的，只是标题有所不同。中共十八大报告的概括是：①努力办好人民满意的教育；②推动实现更高质量的就业；③千方百计增加居民收入；④统筹推进城乡社会保障体系建设；⑤提高人民健康水平；⑥加强和创新社会管理。十七大报告把基本民生生动概括为五个"有所"，即学有所教、劳有所得、病有所医、老有所养、住有所居。

　　（2）保障基本民生的意义

　　一是全面建成小康社会的目标和重要内容。十八大报告明确指出：全面建成小康社会的表现之一就是"人民生活水平全面提高。基本公共服务均等化总体实现"。包括：教育现代化基本实现；就业更加充分；收入分配差距缩小；社会保障全民覆盖；社会和谐稳定等。解决好人民最关心最直接最现实的利益问题。

　　习近平讲到："我们的人民热爱生活，期盼有更好的教育、更稳定的工作、更满意的收入、更可靠的社会保障、更高水平的医疗卫生服务、更舒适的居住条件、更优美的环境，期盼孩子们能成长得更好、工作得更好、生活得更好。人民对美好生活的向往，就是我们的奋斗目标"①。

　　二是社会建设的重点内容。加强社会建设，保障和改善民生是重点。必须在经济发展的基础上，更加注重社会建设，着力保障和改善民生，促进社会公平正义，努力使全体人民学有所教、劳有所得、病有所医、老有所养、住有所居，推动和谐社会建设。加强基本民生有利于构建和谐社会，保持社会稳定。

---

　　①　2012年11月15日，习近平总书记在十八届中共中央政治局常委同中外记者见面会上的讲话。

（3）保障基本民生的基本理念和具体要求

其一，坚持教育优先和教育公平。

其二，就业是民生之本。要实施就业优先战略和更加积极的就业政策。

其三，合理的收入分配制度是社会公平的重要体现。要坚持和完善按劳分配为主体、多种分配方式并存的分配制度，健全劳动、资本、技术、管理等生产要素按贡献参与分配的制度。

其四，社会保障是社会安定的重要保证，是保障人民生活、调节社会分配的一项基本制度。要坚持全覆盖、保基本、多层次、可持续方针，以增强公平性、适应流动性、保证可持续性为重点，全面建成覆盖城乡居民的社会保障体系。

其五，健康是人全面发展的基础，健康是促进人的全面发展的必然要求。按照保基本、强基层、建机制要求，重点推进医疗保障、医疗服务、公共卫生服务，为群众提供安全有效方便价廉的公共卫生和基本医疗服务。

2．发展社会事业理论

十八届三中全会把"保障民生"正式表述为"发展社会事业"，其基本内容应该是一致的，这样的表述更规范和更专业。总的要求是：实现发展成果更多更公平惠及全体人民，必须加快社会事业改革，解决好人民最关心最直接最现实的利益问题，努力为社会提供多样化服务，更好满足人民需求。

主要内容包括：深化教育领域综合改革；健全促进就业创业体制机制；形成合理有序的收入分配格局；建立更加公平可持续的社会保障制度；深化医药卫生体制改革等。

3．坚持共享发展

十八届五中全会提出了"五大"理念，其中之一就是"共享发展"理念。其主要内容与前面的"民生""社会事业"等基本相同，也是推进基本公共服务均等化的最新指导精神。

基本原则和理念包括：

其一，坚持人民主体地位。"坚持共享发展，必须坚持发展为了人民、发展依靠人民、发展成果由人民共享，作出更有效的制度安排，使全体人民在共建共享发展中有更多获得感，增强发展动力，增进人民团结，朝着共同富裕方向稳步前进"①。

其二，科学全面。兼顾效率与公平，首先强调"人人参与、人人尽力"，然后才是"人人享有"。既包括"共享发展成果"，实现全体人民共同迈入全面小康社会，也强调"注重机会公平"。

其三，强调构建科学的体系和更有效的制度安排。"作出更有效的制度安排，使全体人民在共建共享发展中有更多获得感；坚守底线、突出重点、完善制度、引导预期，注重机会公平，保障基本民生，实现全体人民共同迈入全面小康社会"②。

具体内容要求表现为两项突出要求：一是增加公共服务供给，从解决人民最关心最直接最现实的利益问题入手，提高公共服务共建能力和共享水平；二是实施脱贫攻坚工程，实施精准扶贫、精准脱贫。③ 还有六项基本内容：一是提高教育质量；二是促进就业创业；三是缩小收入差距；四是建立更加公平更可持续的社会保障制度；五是推进健康中国建设；六是促进人口均衡发展。④

二、研究现状综述

特别需要说明的是，本文的研究现状关注的主要范围是我国基本公共服务均等化实践推进中的进展相关环节和内容，以及新形势、新问题和机制完善，而有关基本公共服务均等化的一些基础内容和基本问题，如内涵和标准界定、价值和意义、基本内容框架等等，均不包括。

---

① 中国共产党第十八届中央委员会第五次全体会议公报。
② 中国共产党第十八届中央委员会第五次全体会议公报。
③ 中国共产党第十八届中央委员会第五次全体会议公报。
④ 中国共产党第十八届中央委员会第五次全体会议公报。

（一）有关基本公共服务需求增长与政府体制转型问题的研究

李军鹏在其代表性著作《公共服务型政府》里，比较早地论述到了有关中国公共服务需求与供给状况、影响因素及体制改革走向的相关论述。

1. 提出并具体分析了影响中国公共服务需求增长的几个主要因素。一是国际化和全球化与公共服务需求的增长。要融入世界就需要全面完善我国的市场经济体制，需要转变政府职能，加强公共服务，发挥政府社会保障、公共教育、科技、法制建设等方面的主导作用。二是新型工业化与公共需求的增长。三是城市化与公共服务需求的增长。提出城镇化的发展要求提高城市基础设施建设的速度和质量，带来社会公共服务的大发展，如金融保险、房地产、通信、旅游业、交通运输、公共设施、医院和学校的大发展。四是社会现代化与公共服务需求增长。李军鹏（2004）提到，全面建设小康社会的目标主要由社会现代化指标构成，而社会现代化的主要内容体现就是公共服务，如社会保障体系比较健全，社会就业比较充分，形成比较完善的现代国民教育体系、科技和文化体系、全民健身和医疗卫生体系，人民的政治、经济和文化权益得到切实尊重和保障等。五是市场化与公共服务需求的增长。市场化的一个重要结果是使民营经济主体得到快速发展，可以改变政府公共服务部门的垄断环境，加大对公共服务产品的供给能力。[①]

2. 提出了中国政府体制转型的主要趋势——建设服务型政府。建设服务型政府必须要处理好五个重大战略关系：一是处理好经济发展与公共服务的关系，提供充足优质的公共服务是政府的首要职责；二是处理好经济性公共服务与社会性公共服务的关系，使政府的公共服务逐步过渡到以社会性公共服务为主；三是处理好市场服务与公共服务的关系，政府必须在服务于市场经济的前提下弥补市场失灵；四是处理好科教型公共服务与转移支付型公共服务的关系，优先完善科教型公共服务；五是处理好公共

[①] 李军鹏：《公共服务型政府》，北京大学出版社2004年版，第8页。

服务水平与公共服务覆盖面的关系，实现广泛覆盖的基本公共服务基本目标，建立适合中国国情的公共服务制度需要实现公共服务的制度化、公共化、公正化和社会化。

（二）有关基本公共服务财力保障方面的研究

1. 公共服务均等化作为政府责任就是政府的一种财政责任

从某种意义上说，基本公共服务的数量与质量决定于政府公共财政的投入数量与分配方式。十八大报告强调要"围绕推进基本公共服务均等化，完善公共财政体系"。蔡衡（2014）等人强调：基本公共服务均等化作为政府责任，具体来说就是政府的一种财政责任，是公共财政"公共性"的重要体现。布坎南曾提出"财政均等化"（fiscal equity）的概念，即政府通过财政为全体社会成员提供无差别的、一视同仁的公共物品或服务[1]。

2. 在财政投入总体增幅加大的同时存在多方的不均衡

一方面，"十二五"期间，中国政府在公共服务方面的财政投入有大幅的增加。以社会保障整体公共支出为例，胡鞍钢（2015）指出："2008年，我国社会保障方面公共支出为20647.6亿元，到2013年就达到了59019.5亿元，期间年均增幅达到23.4%，约为同期我国GDP年均增速的两倍""我国社会保障方面总体公共支出相当于GDP比重从2008年的6.57%增至2013年的10.04%，这是在现代历史上不曾有过的社会保障水平'大跃进'"。[2]

另一方面，还存在财力的地方不均衡状态。一是存在各地人均财力明显的不均衡。区域间经济发展水平的差异是公共服务支出差异的重要原因。我国经济发展的不同区域，其基本公共服务支出存在较大差异。例如，2011年河南省人均基本公共服务支出为2033.68元，而北京人均为

---

① 蔡衡、蔡晓珊、周阳城：《财政视角下我国基本公共服务均等化探析》，《鄂州大学学报》2014年第10期。

② 胡鞍钢等：《"十三五"时期我国社会保障的趋势与任务》，《中共中央党校学报》2015年第2期。

5721.84 元，为河南的 2.8 倍多。[①] 二是存在中央与地方、地方政府之间的事权与财权的不平衡。

3．增加财政投入是提升政府公共服务供给能力的基础保障

首先，大多数学者都强调要进一步增加财政投入，提高基本公共服务财政投入在 GDP 中的比例。其次，要调整财政收入分配结构，促进事权财权相匹配。中央与地方之间、不同层级的地方政府之间事权合理是财权得到合理确定的基础和依据。下放足够财权给下级政府。再次，要优化转移支付，通过转移支付等促进地区公共服务职责与财权的统一，缩小基本公共服务供给在地区间的差距，实现地区间的均等化。最后，根本要求是要促进地区之间经济均衡发展。不仅要做大经济"蛋糕"，更重要的是要促进区域之间、城乡之间的均衡发展，通过经济发展的均衡来提高公共服务均等化的能力。

4．提高公共服务财政支出的效率

学者娄峥嵘（2011）强调，提高财政支出效率的前提是科学界定公共服务中政府与市场的配置边界。总体上讲，与政府公共服务部门相比，市场化、民营化和社会化更有利于提高财政支出的效率，体现顾客导向，优化服务质量，但是实际情况也不都尽然。例如，基于对英国各类企业私有化后的实际经营绩效进行比较研究之后，英国经济学家马丁和帕克发现，如果市场竞争比较充分，私有化后的企业平均效率提高显著；如果市场是垄断的，则平均效率的提高并不明显。[②] 另外，还要科学划定中央与地方、地方政府之间的财力配置。根据埃克斯坦的"按受益原则分权"理论，那些得益于全体国民的公共产品应当由中央政府来提供。对于地方性的公共服务而言，由地方政府分别提供要比中央政府统一提供更有效率。具体的服务，小规模的政府单位做出的决策更有效率。要根据中央与地方事权的分工来相应配置财政支出和转移支付。公共服务财政支出评价

---

① 蔡衡、蔡晓珊、周阳城：《财政视角下我国基本公共服务均等化探析》，《鄂州大学学报》2014 年第 10 期。

② 娄峥嵘：《我国公共服务财政支出效率研究》，中国社会科学出版社 2011 年版，第 81 页。

指标应该坚持"3E"原则：即经济性（Economy）、有效性（Effectiveness）和效率性（Efficiency）原则。

（三）有关基本公共服务的供给方式创新方面的研究

1. 政府包揽供给模式存在短板

周庆元等人（2013）指出，我国政府部门在公共服务的供给过程中，长期提供一条龙式的全方位保障，既有事前决策、事中执行，还有事后监督。这样，虽然有助于政策的有效贯彻和推进集体同步行动。但是会带来许多弊端：如，上级集中决策与下级执行能力、单一决策与多元需求不一致，尤其是导致在政策执行过程中的目标预期与执行能力的不匹配，从而削弱政策效果或者造成局部的浪费。[①] 这种单一的垄断供给模式，不仅容易引发群众依赖思想，而且会导致缺乏优胜劣汰的竞争机制，服务质量和供给效率难以保证。另外，过于严格的官僚制体系会造成较为冷漠的社会参与。"政府要基于职能转变的要求进一步厘清政府与社会、政府与市场的关系，在法治政府和有限政府的框架内提供公共服务"[②]。

2. 改革和创新供给方式

一是要建立多元化的公共服务主体和服务供给方式。基本一致的共识就是按照多元治理理论，需要建立多元公共服务主体，充分发挥各种社会组织的作用。学者句华（2006）强调，不同的服务和服务产品的生产提供有不同的适合主体。具有强制力的政府和具有奉献精神的志愿者适合提供所有类别的服务，个人和家庭仅可能自给自足地提供私人物品。政府与市场各有优势和不足，要注意发挥比较优势。在公共服务市场化改革中，政府必须做出三个层面上的选择。首先，要明确政府是否有责任提供该种公共服务。其次，在确定某项目由政府安排的情况下，决定其基本的生产方式，即在政府直接生产、间接生产中做选择。对于纯公共物品和服务可

---

① 周庆元、邹丽阳、刘振平：《城乡基本公共服务均等化：困境与出路》，《劳动保障世界》2013 年第 10 期。

② 景朝亮、毛寿龙：《从政府职能转变的视角反思社区基本公共服务》，《天津行政学院学报》2015 年第 1 期。

以直接生产,对于可收费物品和私人物品中涉及自然垄断和公益性的服务项目政府可以直接或者间接生产。最后,确定具体的生产方式,也就是引入市场机制的具体制度安排。直接生产中有三种方式可供选择:免费提供、用者付费、内部市场;间接生产中的主要方式有:政府间协议、合同外包、特许经营、补助凭单等。①

二是要创建城乡一体化的公共服务供给方式。唐立红(2014)指出,要按照城乡一体化的要求,打破"城乡分割,一国两制"的格局,做到城乡统一,打破城乡界限,建立促进城乡区域服务一体化机制。② 但是,并没有提出具体的一体化措施建议。

三是利用新的技术手段提高公共服务的质量。比如,针对人口居住分散的边远山区,可以利用科技手段实现公共服务的远程提供和弹性配置,通过移动诊疗车为边远山区农村提供上门的公共卫生和基本医疗服务,通过互联网实现远程会诊、远程教育等,弥补现实服务资源短缺,保障公共服务的基本质量,使农村也能享受到优质的基本医疗和教育服务③。

四是要用设计优良的制度为社会运作和市场机制保驾护航。毛寿龙等学者强调:"新制度主义认为,如果忽略人性趋利的现实,美好的畅想很可能将难以落实。有鉴于此,不仅要对服务的受众予以惠利,还要对服务的供给者予以激励"。④ 服务商不乐意赔本参与,即便是社工如若待遇长期偏低也必然会影响其服务的态度和质量。为有效应对服务需求,政府就要实事求是地做出制度安排并加以维护。

(四)有关民众参与和民众需求满足提高方面的研究

1. 需要建立居民的公共服务需求调查和参与表达机制

群众参与不仅保障了其知情权、参与权和监督权,而且有利于改善公

---

① 句华:《公共服务中的市场机制——理论、方式与技术》,北京大学出版社 2006 年版,第47 页。

② 唐立红:《城乡一体化进程中的政府基本公共服务优化研究》,《理论界》2014 年第 8 期。

③ 胡琳琳、郭万超:《城乡基本公共服务的均等化》,《开放导报》2013 年第 8 期。

④ 景朝亮、毛寿龙:《从政府职能转变的视角反思社区基本公共服务》,《天津行政学院学报》2015 年第 1 期。

共服务供需关系。一是能缓释供给与需求的矛盾。群众参与有助于地方政府明晰供给的轻重缓急，合理调配财政资源，增加最紧迫、最重要的基本公共服务供给。二是有利于纠偏除弊、提质增效。能够提高政府决策的质量，促进决策的有效执行，提升公共服务的效率并增加其对政府部门的信任。另外，群众参与还能加深对参与程序与规范的认知和理解，具有教育公民的功能。①

2. 完善公共服务的考核与监督机制

存在的普遍问题是在考核制度中，没有容纳群众参与的合理空间。考核指标基本上是上级制定的，考核监督主体也是以上级为主，信息公开不够，加上绩效评估专业性强，导致普通群众能力无法胜任。因此，需要切实完善监督考核体系。一要改革政府的业绩考核机制，改变原来的以 GDP 增长为主要导向的指标，建立以公共服务为导向、以公众的满意度等为标准的政府业绩考核机制；二是建立便捷的群众参与渠道，加快平台建设，建立电子化政府；三要强化问责机制建设。

3. 优化对特殊人群的服务方式

均等化的服务还包括群体之间的均等，应该实行对特殊人群的特殊制度安排。胡琳琳（2013）等人提出，在制度设计时应做特殊考虑，在现行制度中留出一定的空间，来满足特殊人群的需求。"在现行制度无法满足社会需求的情况下，应允许其在一定时间内作为过渡性的制度安排而存在"②。例如，城市实行流动人口居住证制度、农村山区保留教学点等，这些制度安排在一定程度上发挥着社会安全网的作用。政府应调整和完善相应的准入、监管、财政投入、社会捐助等方面的政策。

（五）有关环境变化与制度变迁方面的研究

1. 发展环境变化需要相应的制度变迁

随着城乡一体化和新型城镇化的推进，农村的社会经济文化环境变化

---

① 王磊：《公民参与对基本公共服务供给增进机制研究》，《华北金融》2015 年第 3 期。
② 胡琳琳、郭万超：《城乡基本公共服务的均等化》，《开放导报》2013 年第 8 期。

很快，因而带来需求的变化。适应人口迁移和城乡一体化的趋势，公共服务资源的配置应进行定期调整。例如，可在规划基础上，根据实际情况的变化，对中小学校、乡镇卫生院、村卫生室等公共服务机构的服务项目和人员设置每 3 年调整一次。

2．制度变迁的动力机制

制度变迁的动力之一是人民群众的服务的需求，由此形成的对政府的工作压力。按照建设人民满意的政府要求，各级政府需要积极回应公众诉求，以发展的公众需求为出发点，不断调整和改变自上而下的供给制度，解决基本公共服务的需求与供给脱节问题。动力之二来自于政府投入成本与收益的差距。"各级政府作为理性的经济主体，在制度创新过程中必然要权衡成本与收益的关系，即收益最大化与成本最小化"[1]。

3．制度变迁的趋势和特征

一是从非均衡到均衡；二是增量制度变迁，通过减少改革的摩擦成本与机会成本来保持制度变迁的稳定性与连续性。即"在维护城市居民基本公共服务存量收益的同时，增加新的制度变量，当增量改革带来的预期制度收益大于预期成本时，创新性的基本公共服务制度得以全面推进"。

（六）简要述评

1．构建了全面而丰富的研究内容框架

一是研究内容全面。有的从宏观高度，从环境变化和社会转型的视角，论述了对政府行政体制改革的影响与要求。如工业化、城市化和信息化等现代化进程对加速构建服务型政府的影响与挑战，其中就包括加强基本公共服务的内容。有的从中观切入，把基本公共管服务均等化与中国的城乡一体化、全面建成小康社会和推进国家治理现代化相结合。有的从微观角度，如供给方式创新、服务方式优化等内容，细致入微地剖析了许多具体的问题，提出了许多具有现实针对性和可操作性的对策建议。

---

[1]　衡霞：《城乡基本公共服务均等化的制度变迁特征研究》，《现代经济探讨》2015 年第 11 期。

二是分析比较具体深入。基本都坚持理论与实践相结合分析方法。有的研究侧重于理论深度分析，按照一定的理论框架来审视中国的基本公共服务问题。有的侧重于问题导向，围绕改革实践中的大量具体问题进行具体的调研和分析。如，从地方财政的不均衡问题来强调地方财政的均衡投入与保障。

三是研究方法多样。基本公共服务均等化的研究，涉及多个领域，既是公共管理学和政治学领域的研究热点，也是社会学、经济学领域的研究的重要内容。有的从公共管理学角度，如政府与市场的关系以及政府职能转变和权责一致，服务的需求与供给关系，服务效果与绩效评估等；有的从政治学视角，强调扩大社会参与的重要性，并提出了促进公民参与的路径选择；有的利用经济学方法，论述了具体提升财政支出效率的方法。不同学科的研究，极大地开阔了我们研究的视野，可以相互借鉴和比较。

2. 需要进一步完善和拓展

一是在研究理论上需要坚持内外结合。既要利用西方现代理论拓展分析框架和分析方法，更要运用中国理论和政策术语来具体阐释。如坚持共享发展理念、全面建成小康社会、保障民生和发展社会事业等方面的理论和政策。

二是在研究思路上，需要坚持全面辩证的思维和分析方法。坚持发展观，观点和思维既不能僵化，也不能过分理想化，要动态观察问题。例如，中国的社会组织成长刚刚起步，农村的市场经济组织也刚刚发育，因而，一些市场化、社会化的公共服务理论和改革政策在当前的中国基层实践中要打折扣，既有一定的可行性并符合改革大趋势，但也不能理想化，需要一个渐进过程。坚持全面观。中国具有地广人多、地方情况千差万别、传统历史文化影响深远等典型特征，因而在研究中就是要多想到"多样性""复杂性""非均衡性""具体性"等特性，不能片面。在坚持理论的普遍性同时，还要考虑到我国的特殊性、具体性和时代性。

三是在研究的重点和目标上，要坚持问题导向和对策重心，突出研究的现实针对性和可操作性。在一般研究"基本"公共服务的基础上，更关注均等化的升级换挡新问题；在一般强调推进基本公共服务均等化的必要性、重要性的基础上，进一步强调其理性的范围边界，强调发展的可持续性和渐进性；在一般强调国家责任的基础上，进一步强调坚持多元主体和责任平衡，强调国家—市场（企业）—个人（家庭）三者的相互责任和互动关系；在一般强调公平价值和权利保障的基础上，进一步强调坚持效率与公平的统一；在一般研究关注长期性、一般性、普遍性的问题基础上，进一步强调正确认识和处理好长期性与阶段性、一般性与地域性、普惠性与层次性的关系；在关注中国问题、现实问题的基础上，强调注意吸收借鉴世界经验和教训，注意未来发展趋势。

第三章 义务教育的均等化

在广大城乡人民已经解决温饱、正在迈进全面建成小康社会的时代，教育服务是当前所有群众最为关注、最为重要的需求之一。这既与中国重视后代成才教育的传统有关，也与当前的就业竞争有关。乡村农民更是希望通过教育和升学改变子女的命运，也改变家庭的命运，所谓"知识改变命运"，最需要改变命运的应该就是农民或者贫民的子女。不论经济条件如何，都要尽力满足教育的需要，尽力让子女接受均等、优质的教育。教育、学校和老师这几个词汇在淳朴的乡民心目中一向保持着崇高的地位。

作为一个教育并不发达的山区县，推进教育的均等化，既包括一个县内的均等化，如县城与乡镇之间、各个乡镇的村庄之间的教育均等化，更包括整个县的教育与全地区、全省之间的均等化，主要任务就是缩小与发达地区之间的差距。因而，教育均等化的目标实际就是全面整体地提高全县教育水平。这些要求和措施基本上涉及教育改革的方方面面，既有硬件建设、财政投入、队伍建设，也包括教学水平提高、学生管理与服务方式优化等。

一、荆县教育公共服务的基本情况

（一）学校和学生数量

2015年，荆县有中小学幼儿园110所，其中普通高中1所，中职学校1所，初中11所，九年一贯制学校1所，小学70所（含25所完全小学、45个教学点），幼儿园25所，特殊教育学校1所。在校学生27183人，其中幼儿园5872人，小学12609人，初中4895人，高中3807人（普通高中生 2418 人，中职生 1389 人）。

（二）教师队伍

2015 年底，在岗教职工 2275 人，离退休教职工 1113 人。教师队伍结构逐步得到优化，小学、初中、高中专任教师合格学历分别达到 99.6%、99.2% 和 99.1%，高一层次学历比例分别达到 83.4%、74.4%、14.4%。较 2005 年分别上升了 15.9、14.7、5.4 个百分点。

表 3-1　在岗教师和在校学生数变化情况表（单位：人）

	2003 年	2006 年	2011 年	2012 年	2015 年
在职教师数量	2844	2571	2444	2415	2275
学生数量（包括中小学、幼儿园、学前班）	41183	36344	27777	26433	27183
师生比	1:14.5	1:14.1	1:11.4	1:10.95	1:11.9

（三）教育主管部门

县教育局内设机构有 10 个股、办和中心：即办公室、人事股、计划财务股、教师工作股、教育管理股、职业教育股、学校安全管理工作办公室、教育督导办公室、监察室、教育人事档案信息中心等。

直属二级单位 8 个：教育技术工作站、教育考试管理中心、成人教育办公室、教育科学研究所、教学研究室、中小学校后勤工作办公室、中小学教师继续教育中心、青少年校外活动中心。2004 年县教职工共 107 人，2006 年为 101 人。2011 年是 95 人，其中教育经费开支人数为 79。

（四）教育均等化总体进展情况

全县小学适龄儿童入学率保持 100%。初中适龄少年入学率由 2005 年的 96.3% 提高到 2013 年的 98%，17 周岁人口中初级中等教育完成率由 2005 年的 93.6% 提高到 2013 年的 96.4%，全县 2008、2009、2010 年连续三年实现零辍学。2015 年全县义务教育阶段小学学生入学率 100%，初中学生入学率 99.4%，九年义务教育巩固率 99.7%，7—15 周岁残疾儿童入学率 90.5%。全县小学均衡系数 0.41，初中均衡系数 0.38，均达到标准。2014年11月，荆县以98分的高分顺利通过省政府均衡发展评估验收。2015年12月，又以98分的高分成绩顺利通过国家义务教育均衡发展评估验收，并被推荐为省级示范县表彰对象。

二、县级义务教育服务需求与政府教育服务职责

（一）当前义务教育服务需求

教育服务的对象应该包括学生及其家长，学生是服务的直接对象，他们最有资格提出服务的需求，并对服务状况给出评价。但是，在目前情况下，由于普遍缺乏学生参与的习惯和机制，因而，他们的角色实际上由家长来代替，因而，服务对象一般就称为"全县人民"。

教育公共服务的对象是人民群众，群众的服务需求就是政府服务的目标和任务。山区和乡村的群众与城市居民一样，对教育服务需求的内容基本是一致的，只是重要程度的顺序会有不同。城市居民更加重视的需求服务是优质的服务和多元选择，均等化的内容侧重于师资力量和教育质量，费用和安全则是其次的内容。而山区农村，对教育服务的需求要多些，更具体些，排序也与城市有所区别。根据我们的调查，基本的服务需求内容和先后排序为：均衡化、提高教育水平、改善办学条件、降低教育成本、加强学生安全、关注弱势群体等。

1. 保障实现公平、普惠的均等化教育

义务教育服务的核心要求集中表现为两点：一是优先，二是公平。而均衡化发展是教育公平的基本内容。义务教育的均等化是指政府和教育部门为学生提供相对均等的教育机会和条件，以保障学生具有同等的受教育的权利，实现教育效果和教育成功机会的相对均衡。

从山区教育需求看，公平、普惠的均等化教育的表现主要是学校教学点、师资力量和教学条件等均衡配置和公平分配机会。学校布局要统筹考虑人口变化、城乡发展等因素，重点建设乡镇中心学校、乡镇小学，优化调整初小和教学点，尤其是重视和加强对农村寄宿制学校的规范化管理，确保学校布局适应义务教育均衡发展的需要。整个荆县学生规模不大，每

届的学生大约2000人，因而只有1所普通高中和1所职业高中，全县11个乡镇，每个乡镇至少有1所初中，共14所初中。因而，荆县的教育均等化的内容主要体现在两个方面：一是幼儿园和小学（包括教学点）的均衡布点，每个乡镇保障有1所公办幼儿园，山区交通不便的地方要保留必要的小学教学点；二是小学和初中的有关教育资源的城乡均衡配置，如师资力量、学校硬件和软件等。

2．提高教育质量，提供优质教育

山区乡村学生及家长最关心的莫过于接受优质的教育，考出好的成绩，考上好的大学，为今后的就业和人生打下好的基础。优质教育的表现：一是有水平高、认真负责的师资力量；二是先进的教学理念和教学方式；三是全面的教学内容，包括音体美等内容的素质教育；四是现代的教学设备和条件。要遵循"统一布局规划、统一建设标准、统一质量标准、统一装备水平"的原则和"规范、实用、安全"的要求，推进义务教育学校标准化建设。在加强教师队伍建设的同时，还要建立名校长和优质教师交流制度，加强对薄弱学校的支教力度；改革教学方式，推行素质教育；尤其是加快农村中小学现代远程教育资源建设，构建中小学教师继续教育、远程教育的管理服务平台。

3．切实降低教育成本

第一，需要拓展义务教育领域，特别扩大公办幼儿教育，免除学费或者降低学费。现在县政府的目标是每个乡镇至少保证1所公办幼儿园，实际上远远不够。第二是减少择校费。第三是提供优质安全的交通、住宿、饮食等服务，消除走读、陪读的成本。第四是加大贫困家庭学生的资助。

4．加强教育安全，保护弱势群体

保障学生在住宿、饮食、卫生、体育锻炼等方面的健康安全。一是安全的交通、住宿、饮食等服务；二是对留守儿童的关爱；三是贫困家庭学生、残疾儿童等特殊关照。

（二）法律和政策对县级政府教育服务的职责要求

1. 《义务教育法》的规定

《义务教育法》第七条规定："县级以上人民政府教育行政部门具体负责义务教育实施工作；县级以上人民政府其他有关部门在各自的职责范围内负责义务教育实施工作"。

根据法律规定，县级政府是当前教育最基本的责任主体和实施主体，也是推进全县教育均等化的主导者。

2. 对办好教育的政策要求

不论是在党的报告还是在政府工作报告中，凡是有关基本公共服务的内容，"教育"总是首要内容。十八大报告号召要"努力办好人民满意的教育"。具体要求："大力促进教育公平，合理配置教育资源，重点向农村、边远、贫困、民族地区倾斜，支持特殊教育，提高家庭经济困难学生资助水平，积极推动农民工子女平等接受教育，让每个孩子都能成为有用之才"。推进教育的均等化是其中最突出的主题之一。

（三）县政府和主管部门履行教育服务职能目标

荆县政府制定了《县人民政府关于进一步推进义务教育均衡发展的实施意见》（2009），提出了切实落实和推进教育均衡的措施。发展目标是用3至5年时间，基本实现全县义务教育阶段学校布局合理化、办学条件标准化、师资配置均衡化、教育管理精细化、教育评价科学化、教育质量优质化，努力办好人民满意的教育。全县小学入学率达到100%，辍学率控制在1%以内；初中入学率达到98%，辍学率控制在2%以内。实现义务教育均衡发展并顺利通过省验收。

三、荆县推进教育均等化的主要措施与进展状况

（一）实施"学校标准化建设工程"，推进办学条件的均等化

1. 优化学校布局

一是集中与分点相统一。全县中小学由2005年的155所调减至2013年的102所，减少了34%。小学校均规模由117人上升至143人，进一步

扩大了办学规模，提高了办学效益。但是，根据山区情况，在交通不便的山区乡村，在尽量实现标准化的同时，还必须保留大量的特殊标准的小学或者教学点。目前，全县学生 10 人以下的学校和教学点保留有 19 个，11—20 个学生的学校和教学点保留有 8 个，21—50 个学生的学校有 13 所，大约占全县小学初中 86 所的 46.5%。

二是加强幼儿园布局。近年来，"入园难、入园贵"备受公众关注，已成民生的热点问题。荆县实施了学前教育三年行动计划，落实《3—6岁儿童学习与发展指南》。积极争取上级学前教育项目扶持资金和财政投入，加快推进幼儿园建设步伐，加强学前教育管理，加强幼儿教师队伍建设，完善幼儿教师补充和培训机制。规范办园行为，纠正幼儿园小学化办园倾向和大班额现象，不断提高保教质量，促进儿童"快乐生活、健康发展"。2015 年底每个乡镇都确保新建有 1 所公办幼儿园。适龄幼儿学前三年毛入园率达到 73%。例如，在经济发展日趋加快的黄堡镇，人口逐年增长，生源也明显增多，"入园难"越发严峻。2013 年之前，黄堡镇仅有一所黄堡中心幼儿园，只能容纳 300 人，按照 2013 年统计数字，全镇即将上幼儿园的适龄儿童近 400 人，60 多名（3—6 岁）适龄幼儿就近在小学学前班就读，难以满足家长、幼儿入园需求。按照县政府制定并实施的《荆县学前教育三年行动计划》，2014 年底之前，黄堡镇需要完成乍峪幼儿园的新建工作，落实《3—6 岁儿童学习与发展指南》，确保幼儿学前三年毛入学率达到 80%。2014 年春，乍峪幼儿园开始动工修建，总投资99.12 万元，占地面积 1650 平方米，建筑面积 877 平方米。该幼儿园可容纳 3 个教学班，提供 90 个学位，7 月底完工，确保 2014 年 9 月开学投入使用，完全破解了入园难题。

表 3-2　荆县幼儿园建设情况表

年份	教育部门主办数量（个）	其他政府部门主办数量（个）	民办数量	入园学生总数（人）
2004 年	6	1	0	2129
2006 年	3	1	0	2635
2010 年	9	1	2	5013
2012 年	10	1	6	5585
2013 年	12	1	6	5561
2014 年	13	1	6	5589
2015 年	17	1	6	5872

表 3-3　分乡镇幼儿教育基本情况表（2013 年）①

项目　　人数　单位	园数	在园幼儿数		教职工数					代课教师	园长、专任教师学历情况	
		计	其中:小学附设幼儿班	计	其中					专科及以上毕业	中专及高中毕业
					园长	教师	保育员	其他			
总计	19	5561	1354	205	15	142	13	35	46	133	21
城关	1	415	266	14		14				13	1
黄堡	1	302	94	7	1	5		1	5	6	
后坪	1	139	14	4	1	3				4	
龙坪	1	132	37	1		1			3		1
两峪	1	110	27	5	1	3		1	2	1	1
店垭	1	308	86	3	1	2			8	1	1
马良	2	536	96	16	1	12	2			8	6
歇马	2	662	231	17	1	15		1	4	14	3
马桥	3	728	68	11	2	6		3	24	8	
寺坪	2	656	139	19	2	15		2		12	3
过渡湾	1	139	26	11	1	10				10	1
实验小学		270	270								
县直幼儿园	1	437		42	1	30		11		31	
供销幼儿园	1	506		36		19	4	12		20	
金宝贝幼儿园	1	221		19	2	7	7	3		4	5

---

①　材料来源：荆县教育局网站。

2. 推进学校标准化建设

2005—2010 年荆县政府累计投入 4595.2 万元对中小学校舍实施改造和设施设备配套建设，新建扩建校舍总计 7.2 万平方米，消除各级危房 1.5 万平方米。建标准化学生食堂 35 个、标准化厕所 40 个、标准化澡堂 45 个，全县实行了统一粮油配送制度，极大地改善了学校办学条件和学生学习生活条件。2011—2014 年，学校标准化建设累计完成投资 2.24 亿元。具体表现为：

一是积极开展中小学校舍安全工程。加强薄弱学校改造及教学功能用房建设、教师周转宿舍、学前教育重点工程项目建设。2013 年新建、改扩建校舍 2.2 万平方米，消除学校 C、D 级危房。统筹整合全县范围内的文化体育和教育等建设项目，通过建立学校建设项目库的方式，实现项目资源共享共建。2015 年共实施项目建设工程 23 个，新建、改扩建校舍 4.25 万平方米，运动场 12503 平方米，采购设施设备 3 批，总投资 6803 万元。二是实施绿色生态校园工程，提高学校绿化档次，治理沟、路、坎，消灭脏、乱、差。逐步配套小学、初中教学设备设施，加强运动场地建设，全面改善学校教育教学设施条件。三是加强和完善农村寄宿制学校建设。重点解决了村级小学办学条件简陋、农村寄宿制学校的学生生活设施不配套等问题。2013 年基本完成农村试点学校食堂建设，实行学校食堂供餐，逐步达到省定"十有八配套"标准。继续开展"四个创建"（创建放心食堂、文明宿舍、放心超市、绿色生态校园）活动，不断改善学生生活条件和校园环境。

3. 推进教育信息化

推动现代化教育技术在教学中的应用，发挥现代信息技术和计算机网络在教师培训中的作用，充分利用优质教育资源提高农村教育质量和水平。在"校校通"的基础上，全县义务教育阶段学校到 2012 年就基本实现了"班班通"，实现了优质教育资源城乡共享、校际共享。

（二）加强教师队伍建设，促进教师资源的流动和均衡配置

1. 加强校长队伍建设，实行定期交流制度

一是完善中小学校长的选拔任用制度和考核办法。在全县范围内推行中小学校长选任制、任期目标责任制。多形式、多途径组织开展校长培训提高活动。定期组织评选"名校长"活动，不断提高校长管理水平。二是实施校长定期交流制。即在同一所学校任职满 5 年的中小学校长原则上就要交流轮换到不同学校。有计划地安排薄弱学校校长到优质学校挂职、培训。

2. 通过制度和机制促进优质师资向农村流动，并促进相互交流

一是通过编制、津贴和职称评定等制度，保障乡村教师队伍的稳定。加强对全县教师资源的统筹管理，从严控制中心城镇学校编制，适当放宽乡村学校编制，努力促进教师资源向农村倾斜和流动。一方面建立义务教育阶段农村教师的津贴制度，鼓励农村教师安心基层工作；另一方面吸引城镇学校富余教师向农村缺编学校流动。加强城乡之间师资交流，从城镇分批选择教师到边远乡村学校定期讲学支教，同时从农村学校挑选部分教师到县内外其他示范学校学教培养。

二是创新交流机制，促进师资资源的流动。其一，实行"订单式"服务和"结对式"帮扶制度。"订单式"服务就是为偏远薄弱学校量身订做，受送学校根据需要自点内容，下好"订单"，他们点什么，核心团队就送什么，需要哪方面的培训，核心团队就准备什么样的讲座，有效提高了活动的针对性和实效性，得到了基层学校的认可。"结对式"帮扶就是核心团队成员与受送学校开展"结对式"帮扶。近期，全县推行了"三送"活动，即送课例、送培训、送经验。该活动由县教研室负责实施，整合全县最优质的资源，组成"名师工作室""名校长工作室"，为农村偏远薄弱学校及时送去贴身帮扶与指导。例如该县"生本课堂研究"核心团队有 14 名优质名师组成，每年开展 1—2 次"三送"活动，划分南北两个片区，分别到乡村初中和小学开展"三送"活动，全县乡村的中小学200 名一线教师都参加了学习观摩。活动主要内容包括：（1）示范引领。

核心团队成员为受送学校讲示范课，受送学校教师讲同一内容的研讨课，开展同课异构。（2）评课互动。听课后进行现场评课、说课，一人主评，其余补充。然后是质疑互动交流，与会教师针对生本课堂教学中的困惑提出疑问，核心团队成员给予现场解答。（3）培训讲座。核心团队成员结合攻关课题，分学科进行现场培训讲座。（4）经验交流。相互交流教学改革的做法经验。通过对偏远薄弱学校持续开展"三送"活动，有利于转变教研方式、提高教育质量，能有效推动全县义务教育学校均衡发展。2015年，名师名校长送课下乡讲示范课30节，作报告12场。其二，是坚持"走教"教师制度。在一些偏远的教学点，学生少，老师少，有些课程老师就需要变成"走教"老师，流动上课。阮班琼同志是寺坪中心学校英语教师，自2008年以来，一直从事寺坪镇小学英语学科巡回教学工作，穿行于全镇5所乡村小学之间，从未间断。6年间，他的摩托车跑坏了四条轮胎，行程达4万公里，有效保证了教学点学生能够受到均衡教育。2015年58名城区教师交流到店垭、两峪、龙坪等11个乡镇15所学校，111名教师从集镇学校交流到边远村级小学任教，促进了城乡教育均衡发展。

3．加强教师培养，提高整体教育水平

一是完善教师培养和评价体系，建立教师学习提高的长效机制。诸如，建立教师培训提高统一档案，完善考核办法，加大教师教学能力的检测评估，靠制度和机制有效促进适应教育教学改革与发展的需求。普遍实施教师绩效工资考核评价办法，充分体现优绩优酬。设立教育教学成果奖和突出贡献奖，开展名教师评选活动，重奖教育教学优秀教师和先进单位。

二是持续培训农村中小学骨干教师和弱科教师。每年暑假、寒假挑选100—200名教师参加省市培训。以学习培训为载体，先后组织各级各类教师培训达21653人次，其中国家级287人次，省级1081人次，市级

1404 人次，县级 3823 人次，校本培训 15058 人次①。通过培训，提升了教师队伍的整体素质，加快了教师适应新课程教学的步伐，推动了全县教育教学质量的稳步提高。全县现有专任教师小学 757 人、初中 706 人、高中 176 人，学历合格率分别达到 100%、98.8%、96.6%，高一层次学历教师所占比例分别达到 98.6%、52.8%、6.8%。

三是加强骨干教师队伍建设。以县级学科带头人和市级骨干教师为主体的两级骨干教师队伍基本形成。2009 年全县共评选襄樊市名师 4 名，名校长 1 名，省级骨干教师 19 人，市级学科带头人 20 人，市级骨干教师 170 人，县级骨干教师 154 人。

四是建立教师有序补充机制，坚持新任教师公开招聘制度。2014 年接收省"三支一扶"资教大学生 11 名，公开招考大学生 12 名，接收华中科技大学支教研究生 10 名。2015 年多途径招录农村义务教师 52 名，有效缓解了荆县教师学科不配套的矛盾，优化了教师队伍结构。

（三）全面提高教育质量是保障教育均等化的核心环节

1. 实施"义务教育规范管理工程"，建立义务教育均衡发展的管理机制

一是改革招生制度。在招生管理方面，推行义务教育学生就近入学、免试入学制度。县教育局根据适龄儿童、少年的数量和分布状况，合理确定并公开每所学校的就近接收学生范围，最近还尝试了多校划片改革，并动态调整。

二是深化评价制度改革。建立和完善了教学质量监测评估体系和素质教育导向机制，有效促进素质教育全面实施。按照素质教育要求建立了学生学习和成长的综合评价体系，以此保障学生全面发展；建立和完善了教师发展性评价体系，促进教师的专业发展。

三是进一步规范办学行为。全面取消了原来的义务教育阶段学校划分重点和非重点、区分等级称号的评选等活动。要求学校按照随机原则编

---

① 荆县教育局：《荆县义务教育工作总结》，荆县政府网。

班，不得分设重点班和非重点班。明令不得利用假期和课余时间组织学生进行强制补课，学校也不得动员和组织本校学生参加社会力量举办的各类文化课补习班。

2. 实施"教育质量提高工程"，让每一个学生享受到公平优质教育

一是加强和改进德育工作。重视和坚持育人为本，德育为先，积极创新德育工作方式，增强德育工作的有效性、针对性和吸引力。在全县教师队伍中深入开展"立师德、重品行、塑形象"主题教育活动，打造德艺双馨的教师队伍，涌现出了中国好人董朝兵、市级十佳师德标兵崔德丽、襄阳好干部贾荣义等一大批先进典型代表。2015 年，董朝兵的事迹在中央电视台《面对面》栏目播出，启功教师提名奖获得者乔永斌登上了北师大的领奖台。2015 年度全县 243 名教师受到县级以上表彰。

二是深化义务教育课程改革。荆县已经开始推行具有前沿性改革的"生本教育"（"生本"是以学生为本的简称），积极推动教学方法和手段的创新，着力培养学生的创新精神、综合素质和实践能力。

三是突出教学工作中心。推进义务教育均衡发展的根本任务就是要全面推进素质教育，全面提高教育质量。工作的重点是切实加强薄弱学校和薄弱学科的建设。荆县探索了符合地方实际的一些做法，如面向薄弱学校送课上门、向薄弱学校选派优秀的教学管理干部和学科带头人、定向培养紧缺学科教师等较好的办法，有效改善了薄弱学科教学现状，提高了薄弱学校教学质量。

四是努力促进学校特色发展。荆县虽然是山区县，但是与时俱进，先后建设了一批体育、艺术、书法等特色学校，尽力创造平等机会，培养学生特长，促进学生全面发展。比如，实施"走进艺术"教育计划，提高学生体育艺术素质。积极开展"学生阳光体育运动"，保证中小学生每天至少 1 小时的体育锻炼时间。还有一些学校积极提出并努力建设"书香校园、艺术校园、科技校园、快乐校园、平安校园"。同时，也结合地方文化，弘扬传统文化，创造条件让中国传统文化瑰宝进入课堂。

（四）实施"义务教育关爱工程"，保障弱势群体接受义务教育权利

保障农村弱势群体平等接受良好义务教育是教育均等化的重要内容，政府、学校、社会和家庭需要共同负责，确保每一位学生都能顺利完成学业。荆县在教育关爱方面有许多好的做法。

1. 完善贫困家庭学生资助体系

按照国家政策，农村教育的重点是做好"两免一补"工作，即免除义务教育阶段学生课本费和杂费，补助或者免除义务教育阶段寄宿学生住宿费，并落实贫困生资助政策。同时鼓励和支持社会力量捐资助学，切实帮助特困家庭子女、残疾学生、单亲孩子、孤儿接受义务教育。逐步扩大困难家庭寄宿生生活费补助范围，提高补助标准。2015年春，全县16980名中小学生享受营养改善计划补助，秋季受益学生17509人，全年补助资金1206万元。2015年，争取和落实各类学生资助资金1655.1万元，资助各学段家庭经济困难学生9992人次，普通高中和中职学校助学金每年每人提高标准500元，人平达到2000元，中职学生全部纳入助学金和免学费资助范围。

2. 有效解决农村留守儿童和流动人口子女教育问题

荆县全县有留守儿童2300多人，是政府教育服务应该重点关注的对象。荆县建立了政府统筹、相关部门、社区和农村基层组织齐抓共管的工作机制，尽力解决好农村留守儿童在思想、学习和生活等方面的困难和问题。例如，云旗小学是马良镇百人以上的完全小学，共有20名教职工，无女教师。孩子们的成长离不开女性的呵护和教导，中心学校"爱心妈妈"服务队弥补了学校教育中的这一缺失。根据中心学校计划，"爱心妈妈"服务队将定期到该校和镇内其他学校开展活动。"爱心妈妈"指导学生整理内务，给他们讲生活小常识，为女生上生理卫生课，为留守儿童钉纽扣，和留守孩子交心谈心，与孩子开展"亲子"活动，并向孩子们赠送学习用品。孩子们把亲手制作的康乃馨、玫瑰花回赠给"爱心妈妈"。浓浓深情在师生间传递。"女老师和我们一起做游戏，我感觉妈妈就在身边！"这是马良镇云旗小学留守儿童周心良的肺腑之言，话语间，他脸上洋溢着幸福的笑容。同时，农村也存在外来流动人口，需要加强流动人口子女入学管理，县乡教育主管部门专门建立了流动人口义务教育档案和学籍管理制度。坚持"相对就近、免试入学、一视同仁"的原则，妥善落实流动人口子女就读学校，保障其接受义务教育的权利。

3. 依法保障特殊教育

可能是受自然环境影响，荆县聋哑人较多。在教育管理和服务中，政府和学校也非常重视对残疾儿童少年义务教育的就学保障，将残疾儿童少年义务教育专题纳入义务教育发展的整体规划之中。制定了普通教育学校接受残疾儿童少年随班就读办法，保障和提高残疾儿童少年教育普及程度，保障实现残疾儿童少年能依法接受义务教育。

（五）实施"校园安全工程"，满足新的教育服务需求

"校园安全"是新时期的一项越来越重要的教育服务职能。随着学生的集中度提高，学校规模扩大，住校生的增多，各种危险源的增多，尤其是独生子女的比重加大，学生安全问题越来越受到广泛重视，越来越重要。

推行农村寄宿制学校家庭化服务管理模式，被湖北省教育厅评为"地方教育制度创新二等奖"。校园安全的总体要求是建立健全学校安全工作长效机制和责任机制，加大对学校周边环境综合治理力度，强化校车和学生交通安全、寄宿安全、消防安全、食品卫生安全以及大型活动安全和心理健康教育等管理，保障师生的人身安全。荆县教育系统在"十一五"期间实现了安全责任"零事故"，获得市、县"安全工作红旗单位"和"安全工作先进单位"称号。

1. 校园校舍安全服务

首先，要保证建筑质量安全，并按规定年限进行维修，凡被鉴定为危房的，应停止使用，并及时进行维修、加固或拆除；其次，校园围墙及校内挡土墙、护栏、扶手、门窗、防护网等建筑物和设施必须安全牢固，符合规范；师生学习、工作、生活、活动的场所和相关设施，必须安全可靠，不得存在不安全的因素和隐患。全县学校实行安全值日制度，每天要

有学校领导或中层干部带班，坚持全天候值班，做到只要有学生在校，就必有教职工在校进行管理。有寄宿生的学校建立住宿学生安全管理制度，配备专人负责住宿学生的生活管理和安全保卫工作，并要求对学生宿舍实行夜间巡查、值班制度，重点加强对女生宿舍、低龄学生的安全管理。

2. 饮食卫生安全服务

县教育局要求学校必须认真执行《学校卫生工作条例》，按规定设置卫生室或医务室，配备具有从业资格的专职医务（保健）人员或兼职卫生保健教师。坚持"三检"（晨检、午检、晚检）、消毒等制度的落实，完善保健台账管理，及时上报学校传染病疫情及其他突发公共卫生事件，防止传染病的发生和流行。食堂操作人员和小卖部售货人员必须持健康证上岗，严禁无证人员上岗操作。食堂操作人员和售货人员应定期进行体检，餐具应定期消毒。建立食堂物资定点采购、索证、登记制度和饭菜留验、记录制度，保障师生饮食卫生安全。切实解决好学生在校饮水问题。例如，推广提升家庭化服务管理水平，大力实施农村义务教育学生营养改善计划，抓好学校"菜篮子工程"建设，构建服务教育教学和服务师生生活的后勤保障体系，完善后勤管理各项制度。成立膳食委员会，创新营养餐模式，认真落实农村义务教育学生营养改善计划，使16547名学生受益。

3. 设备设施安全服务

全部学校建立用水、用电、用气等相关设施设备的安全管理制度，定期进行检查或按照规定接受有关主管部门的检查，发现老化或损毁的，及时进行维修和更换。必须经常对学校电网、电源及电器设备进行检查，做到安全可靠，运转正常。

4. 交通安全服务

荆县政府和教育局要求接送学生专用校车应当粘贴统一标志。学校不得租用拼装车、报废车和个人机动车接送学生。要教育学生不得乘坐农用车、无运营资质的出租车、三轮车等不安全的交通工具。学校购买或者租用机动车专门用于接送学生的，应当建立车辆管理制度，并及时到公安机关备案。在学生上学、放学时，学校要派出专人负责学生进出校门、穿越马路。

5. 体育活动安全、集体活动安全和消防安全服务

明确要求各学校要聘请法制副校长，结合典型案例对学生进行法制教育、纪律教育和安全防范教育。学校要充分利用校园网、校内有线电视、广播、校报、校刊、黑板报和讲座、升旗仪式、晨会、班会、队会等形式对师生员工进行安全教育。学校在举办各类体育活动之前，要制订完善的安全管理方案，并建立安全责任制度，要有专人负责落实和实施。举办场（馆）内的赛事活动前，要进行例行安全检查，查看用电设施是否安全、消防设施是否完备、应急出口是否畅通，并对进入场（馆）人员进行安全教育和指导。在登山、远足、冬（夏）令营等户外活动中，要认真研究和分析各种情况，采取有力安全措施，杜绝各种事故隐患，切不可麻痹大意，不能存在侥幸心理。要通过各种形式进行安全教育，以强化安全意识，防止交通事故、溺水及其他可能的事故的发生。对于举办的各类大型集会活动，要严格执行审批报备制度。对于安全保障不完善、存在安全隐患的大型集会活动，要坚决予以取消，并向师生做好宣传解释工作。同时，中小学幼儿园在下课、课间操、放学等重点时段，要安排专人在楼梯间进行值守引导，坚决防止踩踏事件的发生。学校要定期组织炊管人员、电工、锅炉工、专兼职消防员和化学实验人员进行专业知识和操作技能培训。学校安全工作实行一票否决制，凡因学校责任而发生安全事故的学校，当年不得评为先进单位，校长年度考核不得评为优秀等次。

四、荆县义务教育均等化的保障机制

（一）多渠道教育的投入机制

1. 义务教育经费公共财政保障的制度要求

《义务教育法》对义务教育的经费保障做了详细的规定和要求，明确规定政府成为义务教育经费保障主体，从根本上改变了我国义务教育经费投入的格局，为实现真正的义务教育均等化奠定了基础。

第四十二条规定："国家将义务教育全面纳入财政保障范围，义务教育经费由国务院和地方各级人民政府依照本法规定予以保障"。第四十五条规定："县级人民政府编制预算，除向农村地区学校和薄弱学校倾斜外，应当均衡安排义务教育经费"。

早在十年前，实施义务教育均等化之初，湖北省就明确了政策保障，即要求教育投入保证实现"三个增长"：一是用于实施义务教育财政拨款的增长比例应当高于财政经常性收入的增长比例；二是保证按照在校学生人数平均的义务教育费用要逐步增长；三是保证教职工工资和学生人均公用经费逐步增长。确保义务教育阶段教师平均工资水平不低于本地公务员的平均工资水平，确保义务教育阶段公用经费不低于中央规定的基准定额，确保教师培训专项经费按教职工年工资总额的 1.5% 和城市教育费附加的 5% 足额纳入财政预算，集中管理和使用。① 这些承诺在后来的实际工作中已经得到落实。

2. 荆县财政优先保障教育支出情况

荆县的教育经费 60% 来自中央的转移支付，40% 来自省财政。其他的几项费用由省市县各级政府按比例分担，有"贫困寄宿学生生活补助"、校舍维修改造费用等。全县的义务教育学校经费实行"校财局管"，加强对各项教育经费的统筹，调整教育经费支出结构，优先保障义务教育均衡发展所需资金。教育投入大幅增加，与 2005 年相比，2010 年全县教育经费总投入由 5818 万元增加到 11150 万元，累计增长 92%。2010 到2012 年，全县财政教育投入分别为 1.21 亿元、1.28 亿元、2.45 亿元，教育支出占公共财政支出的比例分别为 7%、7.53%、12.15%，2012 年达到省财政厅规定财政教育投入占公共财政支出的 12.02% 的支出比例目标。全面实施农村义务教育保障机制改革，足额安排义务教育免杂费和公用经费补助，保证了全县 65 所农村中小学的正常运转，并专门安排预算

---

① 参见郭生练、周坚卫：《让公共财政的阳光普照农村义务教育》，《湖北日报》2007 年 2 月 6 日。

3500万元实施农村义务教育均衡化发展。荆县进一步优化财政支出结构，压缩一般性支出，新增财力着力向教育倾斜，优先保障教育支出。

表3-4 荆县地方教育财政支出情况表

	2009年	2010年	2011年	2012年	2013年	2014年
支出金额（亿元）	1.0588	1.21	1.28	2.45	2.77	3.44
增长同比	4.9%	14.3%	5.8%	91%	13%	24.2%
占公共财政支出比例	-	7%	7.53%	12.15%	12.32%	16.7%

3. 争取上级项目和支持资金

主要有效方法就是围绕省市的教育改革重点和目标，争取项目。当前主要的项目是教育均衡化发展目标和验收，这是硬性任务，也是地方教育发展的机遇。荆县、襄阳市教育主管部门和湖北省教育厅都要通力促进工作目标的完成，县教育主管部门通过大力申请相关建设项目，可以争取到大量的资金，成为加快改善办学条件，促进山区教育快速升级，实现均衡发展的有力推手。

这几年的专项资金情况如下：

2012年，通过各种途径获取上级资助资金投入6865万元。其中争取国家、省、市政策资金扶持，到位资金6769万元。一是用在硬件设施建设。用于新建、改建、维修36所中小学和幼儿园的学生食堂、学生宿舍、教师周转宿舍、教学辅助用房以及运动场等，建设项目共计42个，校舍建筑面积达3.4万平方米。铺设县一中和县实验中学塑胶运动场2万平方米，新建特殊教育学校1所。二是用在教育装备项目建设。总投资为2000万元，用于73所农村义务教育学校实验室、教学仪器、体音美卫器材、图书室、课桌椅、班班通设备建设。三是化解债务。争取地方财政投入1000万元，用于化解3所高中历史债务，另追加财政预算538万元用于缓解3所高中当年资金困难。2013年，争取和落实政策资金900万元，资助各学段家庭经济困难学生10000人次以上。具体包括：（1）义务教育"免补"工作。配合做好免费教科书的审查，确保按政策规定规范落实，到位资金180万元；争取寄宿生生活补助资金350万元，确保补助人数达到3000人。（2）普通高中国家助学金工作。争取政策资金150万元，确保资助学生1000名。（3）中职资助工作。争取国家政策资金400万元，确保荆县在籍在校中职学生全部享受免学费，一、二年级学生80%以上享受国家助学金。全年争取国家、省、市上级扶持资金不低于5000万元。2013年全县在校学生26433人，人均大约2000元。

表3-5　荆县义务教育学校建设资金投入情况表

年份	2005—2010 年	2012 年	2013 年	2014 年	2015 年
总投入（万元）	4592	6865	9435	6763	6803

4. 扩大社会助学力量

山区教育往往更容易获得各界的关心和帮助，这几年，中东部大中城市的经济快速的发展为社会捐助提供了基本条件。社会宣传教育和企业社会责任的加强，明显提升了社会捐助的热情和力度。从荆县的教育社会捐助情况看，大致分为三类：

（1）政府安排和指定的对口支援。

一是省市安排的对口援助。比如地处湖北武汉的解放军军事经济学院与荆县教育有对口支援。军事经济学院2009年被省委、省政府确定为唯一的部队单位帮扶荆县。军事经济学院高度重视，积极响应，组建了对口帮扶专班，制订了五年帮扶计划，明确了具体帮扶措施，主要是采取援建助学、扶贫济困、送医下乡、人才培训等方式，分期分步实施。其中援建助学方面，五年来，军事经济学院已先后资助了120多万元，为对口帮扶点后坪中学办了"十件实事"：一是捐赠教学电脑220台；二是购买教学桌椅500套，三是购买学生钢架床50张；四是配备40套电脑桌椅、6台笔记本电脑、5台空调、1台多功能一体机、5台投影仪、5台打印机、1台便携式音箱等办公设备；五是发动学院教职工捐资2万元为后坪中学20名贫困生各发放1000元助学金；六是捐赠10000册图书；七是购买配备多套乒乓球和羽毛球等文体器材；另外还有几项相关社会活动。

还有许多专项资助。如"希望厨房"是团省委、省青基会为促进集中连片贫困地区农村义务教育学生营养改善计划顺利实施而发起的一项社会公益项目，为受援建学校免费提供包含蒸饭柜、电磁大锅灶、开水器、冰柜等在内的一整套价值三万元的厨房设备，并为学校厨师免费进行营养膳食知识培训，目的在于系统解决农村中小学学生饮食及营养问题，提高农村义务教育学生营养健康水平。2013 年荆县已建成 11 所"希望厨房"，所有设备已安装到位，并投入使用，2014 年又有 15 所在暑假前全部安装到位。

二是县内的各机关政府活动。例如，2014 年 4 月 28 日由共青团荆县委员会、荆县青少年服务中心组织开展的"爱心成就梦想，我们与你同行"爱心捐赠活动在荆县简槽小学举行。荆县天艺广告公司和金冠食品厂为孩子们购买了标准课桌凳 60 套、联想电脑 1 台、书籍 60 余套；团县委捐赠图书 100 多册；县卫计局为 17 名留守儿童换上了新装，实现了孩子们的"微心愿"；20 多名荆县书画家现场泼墨作画并将其作品全部送给学校师生；其他爱心团体现场发放了环保袋 200 只，为师生免费健康体检，开展了邮储绿卡、金融知识、电信业务受理等惠民服务宣传。县农业局根据团县委前期征集的店垭镇留守儿童微心愿，按名单百分百兑现。此次活动，店垭镇共有 178 名留守儿童收到书籍、书包、文具、体育器材等物品，实现了他们的微心愿。2014 年 6 月 13 日，荆县农业局领导带领县能源办、茶办等单位负责人一行 15 人，带着为留守儿童精心准备的"微心愿"礼品，来到店垭小学，盛情开展"献一份爱心圆孩子微心愿"爱心公益活动。

（2）来自企业和公共组织的资助。

"山区""贫困""教育"，这些关键词非常容易引起一些社会公共组织和企业关注，尽好"教育资助"社会责任是企业很好的公关路径。因而，贫困山区的教育可能更容易获得企业和社会的资助。例如，从 2011 年开始，厂址远在 600 公里之外的武汉的东风轻型商用车营销有限公司与荆县教育局签订支持荆县教育十年接力协议。四年来，公司累计援助荆县多所学校电脑 60 台、课桌椅 100 套、床上用品 250 套，价值 20 万元以上。再例如，2013 年 10 月，武汉华人集团董事局主席邝远平来荆县考察时看到山区条件落后，决定对山区贫困学子进行资助，多次主动与教育局联系，开展了捐赠活动。对荆县熊绎中学和黄堡镇中心学校的 10 名贫困学子分别捐赠助学金 2200 元。

一些公共组织如大专院校、社会公益组织越来越多地向贫困山区伸出援助之手。例如，"爱聚龙坪，梦想童行"第五届中国襄阳大学生公益援助计划于 2014 年 6 月 7 日在荆县龙坪镇小学进行。这是由大学生发动，在爱心企业家们支持下培育起来的一项社会公益事业，由湖北文理学院共青团发起和主办，武汉市和襄阳市爱心企业家广泛参与并大力支持。荆县龙坪镇，地处荆山主峰聚龙山南麓，是荆县海拔最高、气候最寒冷、环境最恶劣的地区，这里平均海拔高达 1350 米，年平均气温 8.5℃，无霜期仅 180 天，素有"襄阳屋脊、荆县西藏"之称，是典型的高寒山区。这里自然环境艰苦，经济条件落后，是湖北省温饱工程重点乡镇。湖北文理学院师生们通过实地考察、调研，了解到这些情况后，决心行动起来，为这里的孩子尽一份自己的力量，为了帮助孩子们更好地完成学业，他们精心策划、积极筹备、认真组织这次活动。在多方努力下，活动于 2014 年 6 月 7 日在龙坪小学开展，他们通过"爱心讲堂"拉动爱心企业家、志愿者、大学生与小学生们互动，爱心企业家们现场向 4 名特困学生签订了助学协议，将长期资助这几名家庭困难学生完成学业，直到大学毕业。另外湖北文理学院还向龙坪小学捐献爱心善款，并在龙坪小学建立联合爱心图书室和大学生社会实践基地，实现文理学院与龙坪小学资源共享，进行长期合作，将爱心持续传递下去。

更可喜和值得注意的是，目前，荆县在教育社会资助方面，已经设立了五个固定的奖学金和教育助学金项目：世昌奖学金、兴发奖学金、紫薇助学金、清泉奖助学金、日月光奖助学金。并且资助方与荆县政府方共同制定了较为规范的《管理章程》，保障了资助机制的良好运行。

日月光奖助学金项目。由襄阳日月光饮食服务有限责任公司发起并出资设立，旨在鼓励和帮助山区青少年学生成长成才。从 2011 年开始，襄阳市日月光饮食服务有限责任公司每年将出资 10 万元，奖励寺坪镇中心学校七、八年级年考和九年级中考前两名，全县普通高考文、理科状元，资助全县范围内家庭经济困难的大、中、小学生及在园幼儿，每年资助大学生和高中生 25 名、义务教育和幼儿园学生 30 名。同时，在荆县一中设立"日月光励志班"，每人每年资助 1000 元，主要用于减免学生的学费。为了妥善管理和使用好爱心善款，荆县教育局专门制定印发了《日月光奖助学金章程》。

清泉奖助学金项目。为回报荆县人民，支持荆县教育事业发展，荆县丰润化工有限公司董事长兼总经理梁清泉先生发起、倡导并主动认捐，荆县教育局协助，从 2009 年开始，设立清泉奖助学金，并签订了《清泉奖助学金章程》。清泉奖助学金宗旨：奖励优秀学生，资助贫困学生，鼓励、帮助青少年学生成长成才，为促进教育公平和社会和谐贡献力量。奖助学金规模：清泉奖助学金的启动规模为 5 万元，10 年内达到 100 万元。清泉奖助学金奖励对象：普通高中高考全县文科、理科、艺术第一名，被荆县一中录取的全县前 20 名初中毕业生，计 23 名。资助对象：家庭经济困难的大中小学生，孤儿、残疾儿童等特殊对象优先资助。每年资助大学生 5 名，高中生 10 名，初中生和小学生 40 名，计 55 名。清泉奖助学金奖励标准：高考学生 1000 元/人，中考学生 500 元/人。

紫薇助学金项目。卢志安先生原籍荆县马良镇，现为广东省佛山市创业汽车维修有限公司总经理。为感恩家乡，回报社会，帮助家乡贫困学子，卢志安先生发起并自愿捐资，经与教育局商定，从 2008 年起，在荆县设立"紫薇助学金"，并订立了《紫薇助学金章程》。紫薇助学金宗旨是助奖结合，为家庭困难学生提供一定经济支持，帮助他们完成学业，并辅之以思想教育，为促进教育公平和社会和谐贡献力量。紫薇助学金的起始规模为每年 5—10 万元。资金来源为慈善募捐，卢志安先生在 5—10 年内认捐 50 万元，其余资金向社会募捐。紫薇助学金资助对象以品学兼优的普通高中贫困生为主，兼顾义务教育阶段和大学特困生。每年高考文理科状元必助。资助标准为：义务教育 200—500 元/人·年，普通高中 1000—2000 元/人·年，大学 2000—5000 元/人·年。

（3）来自社会各界个人的资助。

包括一些名人、成功人士，尤其是荆县籍的外出成功人士，更愿意帮助家乡困难学生和学校。案例一：赵官秀女士是学校所在地羊五村二组人，早年外出打拼，经过多年的奋斗，创立了海威信电镀助剂有限公司。在她事业有成之时，没有忘记家乡，2013 年十一假期回家探亲时，听说家乡的孩子们上学吃水、洗澡等困难后，立即与该校负责人联系，经过商议，决定捐资为学校新建 30 方蓄水池一个，澡堂一个，工程首批 5 万元建设资金已于 10 月 17 日打入学校账户，剩余资金在工程完工前付清。届时，全校 80 余名师生将告别吃水难、洗澡难。案例二：2014 年 3 月，来自北京某投资公司的陈建宇和冯博夫妇向万寿小学捐赠了价值五千余元的图书、文体用品及衣物等，并表示本次活动只是个开始，今后每年坚持进行一次类似活动，为家乡的教育尽自己一份力量。陈建宇先生也是从荆县走出去的企业家。

（二）教育督导和监督机制

1. 构建组织领导体系，通过组织手段保障教育均衡发展

完善组织并明确了各级政府组织在义务教育均等化工作中的职责。第一，荆县政府承担全县义务教育均衡发展领导责任，为了加强义务教育均衡化发展的领导工作，成立了义务教育均衡发展领导小组，统筹义务教育与地方经济社会的协调发展，统筹城乡、区域、校际之间义务教育均衡发展，负责对全县义务教育均衡发展工作进行整体规划、组织实施。第二，乡（镇）政府负责辖区内义务教育均衡发展工作，抓好学校周边环境整治，维护正常教育教学秩序。第三，县教育行政部门负责制定义务教育均衡发展各项规划，并牵头组织实施，加强教育内部管理，实施素质教育，提高教育教学质量。第四，其他相关部门，如县发改局、国土资源局、建设局负责教育用地规划和项目申报，落实学校建设优先优惠的相关政策。

县财政局负责保证教育经费实现"两个比例""三个增长",将义务教育经费按规定纳入财政保障范围,足额预算,及时拨付,指导、监督教育经费的合理使用,确保学校建设资金专款专用。县编办、人事局要会同教育行政部门共同做好教师核编定岗工作,合理确定农村边远地区教师机动编制,尽快消除教师队伍结构性矛盾。宣传、公安、文化、卫生、工商、建设、交通、水务、消防等部门要立足本职,密切配合,在促进义务教育均衡发展中发挥好职能。

2. 构建义务教育均衡发展督导评价机制

《义务教育法》第八条规定:"人民政府教育督导机构对义务教育工作执行法律法规情况、教育教学质量以及义务教育均衡发展状况等进行督导,督导报告向社会公布"。第九条规定:"任何社会组织或者个人有权对违反本法的行为向有关国家机关提出检举或者控告"。

荆县政府教育督导室负责制定义务教育均衡发展督导评估指标体系,建立完善义务教育均衡发展的监测制度。一是对乡镇政府和学校执行《义务教育法》和教育均衡发展情况进行指导、检查、监督、评估。定期对义务教育学校间均等化差距进行监测和分析,并以适当方式予以公布,接受社会监督。二是建立义务教育均衡发展信息库,健全和完善经常性、过程性、客观性的义务教育监测评价机制,并积极主动地通过分析现状和问题,采取有针对性的措施,推进义务教育均衡发展。三是建立学生家长与社会各界对学校的监督评价机制,积极开展学生家长和社会各界评价学校活动。县政府教育督导室制定了《荆县义务教育均衡发展督导指标与评估方法》和《荆县义务教育阶段学校常规管理检查评估与奖励办法》,每半年对全县学校进行一次全面督导评估,依据评估结果实施奖惩,促进学校内涵提升和区域教育均衡发展。

3. 人大代表和政协委员对教育的监督和参政议政

在县十七届人大二次会议和县政协九届二次会议上,人大代表和政协委员对教育共提出了5条意见建议和7条提案建议。县教育局迅速行动,明确责任,创新举措,确保了建议办理工作的高质量圆满完成。针对代表委员关心、人民群众反映强烈的意见建议，县教育局在认真办理后，主动登门当面向代表、委员进行答复，对因政策等客观因素暂时不能解决的，做好细致地沟通和解释工作。乡镇中心学校积极邀请人大代表、政协委员和群众到校进行视察、回访和座谈，了解教育部门在解决问题、改进工作中做出的努力，亲身感受学校在办学条件改善、教育质量提高等方面的巨大变化，以实际行动赢得代表、委员及社会各界对教育的广泛理解和支持。

五、总结与启示
（一）基本成就和可借鉴内容

1. "六化"做法是符合当前县级教育均等化要求的一种比较完整的内容体系

作为湖北省义务教育均等化示范县荆县在均等化方面探索出了许多行之有效的做法，其中"六化"就是典型概括。"学校布局合理化"是均等化载体，就是在遵循教育规律的基础上，合理安排和调整学校布局，实现学校服务范围恰当，办学规模适当，可以避免教育资源的苦乐不均和过度聚集，有利于促进区域间教育资源均衡分布，从而满足生源变化的需求。"办学条件标准化"就是按照国家规定的学校建设标准，实现城乡各个学校的校舍、常规教学设施、现代教育技术装备、后勤保障设施等都达到规定的均等化标准。这是硬件的均等化，是物质性基础。"师资配置均衡化"是实现教育均等化的关键和根本，也是难点。要求和体现就是教师编制要向乡村学校适当倾斜，用制度和机制保障区域内城乡教师定期交流，加强教师培养培训工作，使教师学历达标、专业对口、学科配套，各学校师资水平大致均衡，教师队伍整体素质提高。"教育管理精细化"就是积极构建符合义务教育均衡发展实际需要的教育管理制度体系，用科学、规范、人文化的管理制度，保障和促进义务教育健康、快速发展。"教育质量优质化"就是全面实施素质教育，切实减轻学生课业负担，实现义务教育阶段教育教学质量显著提高。"教育评价科学化"就是建立有利于实现全面素质教育要求的学校、学生、教师、教学四位一体的科学评价制度，同时根据评价结果实施绩效管理和干部管理。总之，"六化"做法有效地促进了从形式到内容、从硬件到软件的教育均等化，具有普遍的价值和推广意义。

2．积极响应国家政策，抓住机遇，争取政策和项目支持，是加快目标实现的有效路径选择

当前，上级推动基层的政策落实方式，主要是靠传统行政手段，也包括经济手段。如靠项目、靠考核、靠达标竞赛和奖励、考查督导等。因而，下级政府推动落实政策的手段和途径正好是相对应的：积极响应国家政策，主动配合上级政府推进的改革，善抓机遇。所谓向上"跑项目"，就是积极主动争取政策倾斜、资金支持，在时间和机遇方面领先而已。同时，需要地方政府集中精力，需要领导关注和支持，成立领导小组，全县动员，集中人力财力办大事。这种方法的优点是可以短时间就解决一些长期存在的难题，起到立竿见影的效果；缺点是如果缺乏制度安排，很容易是政策执行中途变化，很难保证持续的动力和正确的方向。

3．坚持以政府主导力量为保证，是适合欠发达地区的教育供给模式

在不发达的山区县，社会组织成长和市场力量有限，基础教育要靠市场运作和社会投入还不太现实，所以，要加快教育均等化步伐，主导力量还是政府。比如，荆县的农村幼儿园比较缺乏，虽然有民办幼儿园，但是，在乡下生存都很困难，不可能快速成长，而且，家长的要求很高，优质幼儿园需求紧张。因而，荆县政府决定在每个乡镇至少办一个公办幼儿园，起到了基本保障作用。但是，也带来新的问题，如民办幼儿园增长缓慢，公办教育支出增长加快。

4．根据山区特殊情况创新教育方式，体现了改革的具体性、灵活性和有效性

例如，能够根据山区特点，保留教学点，便利学生就近入学。推行了许多可行的创新方式，如"订单式""流动岗""外派培训"等。注重弱势群体的教育权利保障。加大了对农村学生的各项救济，减轻了教育

负担。

（二）新问题与对策思考

1. 如何实现从"有"到"优"的升级？

国家政策具有决定性意义。国家政策是太阳，阳光可以照进山区最深的山沟里。《义务教育法》和基本教育服务均等化的切实推进，实现了在落后山区乡村教育面貌的根本改观。基本的教学布点、教学设施、教师队伍和管理制度普遍到位，但是，新的更高的要求也不断增多。例如，在"上学难"问题基本解决的今天，如何满足群众"上好学"的需求已成为当前教育工作的主要矛盾。优质教育资源紧缺，人才培养的质量、数量、规模和结构还不能满足经济建设的需要和人民群众的期待。

我们认为，县级教育服务的今后升级，主要不在硬件建设（因为通过突击性建设后完全可以满足需要），也不在新的教学点的开设，甚至也不在于是公办还是民办的区别，而是现代教育体系的建立和完善，包括现代教育理念、教育内容体系的完整、教育方式和方法科学等，即要真正符合素质教育和"生本"教育的要求，培养出更多、更好、更有潜质的人才。

需要加快市—县教育资源的互动机制，加强中心城市对县级教育的综合服务。建立市县城乡之间的联系，加强资源的共享。形成教育资源共享的激励制度，引导和激励其利用共享的教育资源，提高综合素质，同时教职工的考评也应体现教育资源共享的成果。

需要利用现代网络，建立网上信息共享平台，开设网络课程。把课件、教案、导学计划、课程实施细则等上传到网络，分享教学经验，交流工作体会等。

2. 突击性达标过去后如何保持发展的连续性和可持续性？

以教育投入为例，前几年之所以教育状况大为改观，是因为有自上而下的"运动式"的教育均等化热潮，资金多、项目多、机会多，可以快速改观落后的教育硬件和设施，但是，如果缺乏科学规范的制度安排，改革的连续性、稳定性就不能得到保障。对于贫困县而言，教育投入不足、为钱所困问题仍然存在。例如，根据"十二五"规划要求，还需要建设9

所公办幼儿园，大约需要资金 2000 万元；校园安全工作建设，国家项目可以争取 700 万元，缺口还有 2300 万元。信息化教学维护运转费用，还未纳入国家教育经费，每年需要 30 万元，只能从中小学公用资金中挤出。农村教师周转房费用，1—2 万元/套，共需要 1121 套，多数没有到位。

要确保教育均等化的成果，保持教育发展的可持续性和稳定性，根本在于要靠法律保障，真正贯彻好《义务教育法》，制定并完善切实可行的地方实施办法。保障政府投入，完善机制，落实教育投入"三个增长"。进一步完善中央财政和地方财政分项目、按比例分担的农村义务教育经费保障机制，提高保障水平。拓宽教育经费筹措渠道。按国家和省政府有关规定，足额征收城市教育费附加和地方教育附加，按标准提取专项教育资金，专项用于教育事业。按照《国家中长期教育改革和发展规划纲要》（2010—2020 年）要求："地方教育附加统一按增值税、消费税、营业税实际缴纳税额的 2% 征收；专项教育资金从当年以招标、拍卖、挂牌或者协议方式出让国家土地使用权取得的土地出让收入中，扣除征地和拆迁补偿、土地开发等支出后余额 10% 的比例计提"。福彩、体彩公益金收益等资金要有一定比例用于教育设施建设，新建住宅小区必须按规划配套建设义务教育学校、幼儿园。对各级各类学校校舍建设按政策规定实行行政事业性收费及政府指定的服务性收费全额免收，提倡有关单位从支持教育事业发展的角度适当予以减收或免收。完善财政、税收、金融、土地等优惠政策。鼓励和引导社会力量出资办学。另外，需要进一步完善财政、税收、金融和土地等优惠政策，鼓励和引导社会力量捐资助学或者出资办学。完善捐赠教育激励机制，落实个人教育捐赠支出在所得税前全额扣除政策。

3. 如何扩大教育服务的社会参与和投入？

按照《义务教育法》规定，学前教育实行政府投入、社会举办者投入、家庭合理负担的投入机制。普通高中实行以财政投入为主，其他多种渠道筹措经费为辅的体制。正如前面所讲，荆县基本上采取了各层次的教育服务政府为主的投入和供给机制。不仅小学、初中和高中全部是公办，而且公办幼儿园增加，随之民办幼儿园在逐步减少。原来存在过的一些民办学校、贵族学校也都消失了。实际上，政府的教育责任在增大，社会、家庭的参与在降低。虽然，对口支援和社会捐助的资金物质份额在增多，也是一种多元投入，但是，还不同于多元办学，这些主体一般并不参与教育内部的管理，并没有改变教育服务的治理格局。

义务教育是一种纯公共服务，市场化、社会化的空间有限，一般并不鼓励过分推行市场化，把优质的公办学校转制为收费的社会性质的学校，这样会加重家长负担，有推卸政府责任之嫌。但是，是否所有的教育服务就都全靠政府，并且直接管理？能否有适当的多种形式？以后的公办幼儿园和高中是否也实行免费？民办学校今后还有发展空间吗？

我们认为，中国的地方教育还要给社会和市场留有空间。一些新办的学校可以采取联合投资，例如，现代城区里的新小区里开发商可以办幼儿园，也可以联合优质中小学在小区开设分校，教育主管部门、优质学校和开发商以及家长都愿意，是一种共赢局面。开发商之所以愿意投资，是因为可以提高房价，发展学区房，实质上教育品牌的商品化、市场化，总的看是增加教育投入和资源，对全社会都有利，可以鼓励。在农村乡村也可以实现优质资源和一般资源的合并开发利用。幼儿园可以公私合办，民建公助或者公建民营，甚至可以学习一些国外的做法，可以尝试对适龄幼儿发放教育券，适当促进竞争。因为幼儿园可以数量多些，规模小些。

4. 如何了解和满足社会民众的差异性需求？

当前教育均等化的标准和要求的制定，督导和验收基本是靠国家的政策和至上而下的各级教育主管部门。如何了解地方的差异性需求和合理设置差异性标准，是县级教育服务中还没有得到重视的环节。因为，现在的教育工作的推动力主要还是为了完成绩效考核任务，或者是达标冲刺，是来自上级的引导力量和地方政府主要领导的直接推动力量，来自社会和家长的压力还不是主力。随着达标任务的完成，工作进入常规化后，地方教育改革和完善的动力就会逐步转到地方群众需求和呼声方面。现在要逐步建立需求了解机制、社会和家长参与治理机制和各学校的个性化差异化特色发展机制。需求的了解可以发挥常用的机制，如听证会、家长会制度，还可以利用地方组织体系，如乡镇县市人大、政协、妇联、共青团等组织，收集反馈意见。比如，县级妇联在留守儿童教育方面可以发挥更大作用。

特别要重视和提升农村留守儿童就学保障，提高寄宿制学校办学水平，尤其要加强安全教育管理与事故防范工作，为农村留守儿童的教育创造良好条件。对于农村留守儿童的生活资助要有倾斜，增加针对留守儿童的专门心理和生活教师的配备。在学校治理方面，应该发挥家长的作用，尤其是住校学生的管理和服务，可以吸收家长代表参加，护工和保育员都可以是自愿的家长代表，并按照用工制度发放薪酬，他们可能成本更低而且更负责。

在促进县域内学校基本统筹和均衡发展的基础上，鼓励创新"一校一品制"，鼓励中小学大胆创新设定个性目标，兴办特色学校，创建品牌。

鉴于学生年龄、心智发展、安全因素考虑，小学实行就近入学。地处偏远高原山区、条件非常简陋的村级小学校，也不能盲目地撤并。荆县在交通不便利的村庄保留教学点的做法就符合地方实际，具有地方性。初中可以相对集中，合理确定学校服务半径，专项规划人口聚集区、城乡结合部的教育布局，科学预留发展空间，科学调整城乡学校布局结构。

5. 如何有效加强乡村教师队伍建设？

与城市相比，农村的师资资源仍然是最大的短板。教育设施可以靠投入、靠突击、靠领导重视得到迅速改观，但是，教师队伍建设和教育水平的提高是一个长期的过程，需要扎实的工作和科学的制度。

一是加强教师队伍引进，保持新生力量。继续从资教生、特岗生中招选教师，鼓励优者从教。开辟"绿色通道"，积极引进特级教师、学科带头人、紧俏学科且有突出业绩的教师。

二是构建开放灵活的教师人事体系，促进双向流动。推进城乡师资合理流动，加大城乡师资交流力度，逐步实现城乡教师有序双向流动。创新机制，想办法鼓励和吸引人员到边远贫困乡村任教，建立城区教师定期下乡支教服务期制度。通过城乡互动、对口支援等措施帮扶农村学校；采取定期支教、定期讲学等方式，充分发挥骨干教师的带头和传帮带作用。切实优化教师资源配置，完善教师转岗、退出机制。

三是不断改善教师福利待遇。依法保证并逐步提高教师平均工资水平。落实教师社会保障政策，改善教师工作、学习和生活条件。可以利用国家农村住房改造政策，建设农村学校教师周转住房。扩大教师奖励基金，加大对长期在农村从教教师的表彰奖励力度。

四是完善教师管理制度。坚持从严治教，强化师德师风建设。建立名校长、名教师和骨干教师、学科带头人教育培训机制。对骨干教师、学科带头人进行定期更新，优胜劣汰。选送教师参加省市级培训。完善建设补充机制，逐步解决教师老龄化和学科不配套问题。依法严格执行教师资格制度和职务制度。抓好资格准入、竞争上岗、全员聘任三个管理的关键环节，有效加强教师队伍建设。建立和完善机制，开展以新观念、新课程、新教材、新教法为主要内容的培训，加强教师基本功训练，切实提高教师的整体素质。

第四章 公共文化服务的均等化

中国特色的文化建设主要内容包括核心价值观建设、文化体制改革、文化事业发展和文化产业发展等。公共文化服务是文化建设中的一部分，主要是指文化事业发展，它是实现人民基本文化权益的主要途径。加强农村公共文化服务既能够更好地满足农民群众的精神文化需求，也有利于提高农民的思想道德水平和科学文化素质，促进乡风文明、邻里和睦、互助友爱，还有助于促进新农村的经济建设、政治建设、社会建设与文化建设的协调发展，对推进社会主义新农村建设、促进城乡经济社会发展一体化新格局具有重大意义。

一、农村公共文化服务体系建设的目标和内容

(一) 总体目标

《中共中央关于深化文化体制改革　推动社会主义文化大发展大繁荣若干重大问题的决定》是当前指导我国文化建设的纲领性文件，其中对公共文化建设和服务提出了明确的目标要求："必须坚持政府主导，按照公益性、基本性、均等性、便利性的要求，加强文化基础设施建设，完善公共文化服务网络，让群众广泛享有免费或优惠的基本公共文化服务"，"要完善覆盖城乡、结构合理、功能健全、实用高效的公共文化服务体系"。

《湖北省"十二五"时期文化改革发展规划纲要》中的公共文化建设目标是："文化事业全面繁荣，覆盖全社会的公共文化服务体系基本建立，群众文化生活丰富多彩，城乡居民基本文化权益得到更好保障；现代

文化产业体系和文化市场体系建设取得重大进展"。

综上所述，简要归纳，公共文化服务的目标就是：按照公益性、基本性、均等性、便利性的要求，坚持以政府为主导，以公共财政为支撑，以公益性文化单位为骨干，以基层为重点，以全体人民为服务对象，以保障人民群众看电视、听广播、读书看报、进行公共文化鉴赏、参与公共文化活动等基本文化权益为主要内容，完善覆盖城乡、结构合理、功能健全、实用高效的公共文化服务体系。

（二）主要内容

1. 加强公共文化设施建设

一是县级"两馆"（图书馆、文化馆）建设，这是主阵地和龙头工程；二是加大社区公共文化设施建设力度，把社区文化中心建设纳入城乡建设规划；三是加强农村文化基础设施建设，加快城乡文化一体化发展，这是主要内容。国家政策强调要特别支持山区、革命老区、民族地区、贫困地区建设和改造文化服务网络。农村文化基础设施建设的内容主要有广播电视村村通、乡镇综合文化站、文化信息资源共享、农村电影放映和农家书屋等重点惠民工程。

2. 加大公共文化产品供给和服务力度

一是保障政府支出。把基本公共文化产品和服务项目、公益性文化活动等支出费用纳入公共财政经常性支出预算，不断丰富公共文化服务的品种和内容。二是引导公益性文化单位面向基层提供文化产品和服务。继续做好流动舞台车、电影放映车、图书车等配送和利用工作。三是多方筹资。鼓励和吸引文化企业、社会资金参与公共文化服务，增加公共文化服务总量。四是推进现代化服务，提高公共文化服务的数字化、网络化水平。五是推进美术馆、博物馆、图书馆、群艺馆、文化馆和乡镇综合文化站等公共文化阵地免费向社会开放。六是深入开展文化科技卫生"三下乡"、科教文体法律卫生"四进社区"等活动，大力发展社区文化、村镇文化、家庭文化。七是加强文化遗产保护。加大对各级文物保护单位的研究、保护和维修力度，加大对各类遗产的保护和利用。

3．提高农民思想道德素质和科技、文化水平的相关服务

如文明道德的宣传与教育，普法宣传、科技推广培训等宣传教育、信息咨询等。同时，引导和扩大文化消费，倡导健康、文明、科学的文化消费理念，鼓励和引导群众合理进行文化消费活动。

（三）基本特征

1．公益性

政府提供的公共文化服务基本上是免费服务，或者是低于成本、收费很少的服务。公益性文化单位将成为提供公共文化服务的主体，购买或者外包公共文化服务并无偿或者低价提供给群众的服务事项将会越来越普遍。

2．基本性

是指政府提供的是基本文化服务，而不是所有文化服务。这是与人民群众的精神文化需求有关。不同地域、不同年龄层、不同行业阶层对文化生活的需求是不一样的，正所谓"众口难调"，所以政府提供的公共文化服务也仅仅是基本的项目，但是这个基本项目是随着时代的进步、经济社会发展而逐步提升的。以前的文化生活经常用8个字来概括，"读书看报、唱唱跳跳"。根据现阶段经济社会发展水平和人民群众精神文化生活新需求，除了要满足群众看电视、听广播、读书看报、参加群众性演出等内容外，还添加了文化广场建设、公共文化鉴赏、公益性免费培训、群众文化精品节目创作等。

3．均等性

就是不分男女老少，不分富人穷人，不分城市农村，不分东中西部，都平等地享受基本服务。在大中城市，对农民工、特殊人群的文化权益越来越注重，在县城乡镇，对边远山区农民的文化民生不断关注，这些都是为了提升公共文化服务体系的均等性。

4．便捷性

不但是便利，还要快捷。要求文化服务设施实现网点化，做到一定范围内必须有公共文化活动场所，方便群众就近参加公共文化活动，如打造

"五分钟文化圈"，社区文化活动室、农村文化大院也正是基于此目的而建设的。

二、荆县农村公共文化服务的设施和队伍建设状况

（一）文化设施网络建设现状

农村县级地方的文化设施网络有三个层次：一是县级层面，至少要有两馆，即图书馆和文化馆；二是乡镇（街道）层面，要有综合文化站；三是行政村（社区）层面，要建有文体活动室（文化广场）。荆县由于较早成为省文化建设示范点，各方面的工作进展前移，目前基本情况完全达标。

1. 县直属文化事业单位

（1）县图书馆。1985 年建成使用的县图书馆总大楼，面积为 1200 平方米。现馆藏图书文献资料 3.6 万册。开设有图书外借处、电子阅览室，报刊及科技阅览室 3 个服务窗口。加上馆外 17 个阅览室，全年读者量达到 8.6 万人次，图书流通量 5.8 万册次。2010 年按省定标准完成全县共享工程建设任务，承担全国文化信息共享工程荆县级分中心建设，已在全县建成多个基层站，形成了县和乡（镇）和村（社区）三级文化信息传播网络，实现全国文化信息资源共享。

（2）县文化馆。额定编制数为 14 人。县文化馆主要职能是，组织城乡群众开展丰富多彩的、喜闻乐见的文化活动；面向机关事业单位、城镇社区、重点企业、社会团体等开展公共文化服务，指导群众业余文艺团队建设，辅导和培训群众文艺骨干；负责专门收集、整理和研究地方非物质文化遗产，并开展对非物质文化遗产的保护、宣传、传承活动，指导传承人开展传习活动。

（3）县博物馆。成立于 2009 年，是一家地方综合性博物馆，建筑面积 1555 平方米，其中展览面积 800 平方米。该馆于 2010 年 3 月正式免费对社会公众开放。《荆楚民俗文化展》陈列以"聆古楚之鸣音、品荆蛮之遗韵"为主题，分为荆县婚俗文化展、农耕技艺文化展、非遗文化展

（沮水鸣音和黑暗传）及荆县历史文物展五个部分，共展出各类文物近300件。展览通过实物图片、声像等资料，系统展现了荆县历史和具有荆楚地域特色的民俗文化。

（4）县电影公司。该公司组建于1982年，2012年由事业单位转制为企业单位，隶属于县文化体育和新闻出版局。目前，县电影公司内设办公室、业务办公室、财务办公室，下设农村公益电影放映队12个，担负全县11个乡镇257个行政村每年3084场公益放映任务；担负全县电影发行放映及放映网管理，城市及乡镇数字电影院建设。事业编制人员40名。

（5）县体育发展中心。是直属于县文化体育和新闻出版局管理的副科级差额拨款事业单位，其主要工作职能是：组织、指导全县开展各项体育健身活动，为国家、省、市选拔培养体育竞技后备人才。定编3人，其中主任一名，由文化体育和新闻出版局副局长兼任。

（6）荆县体育场。直属于属县文化体育和新闻出版局管理的正股级自收自支事业单位，主要工作职能是：提供体育设施与相关服务，促进体育事业发展，推动城区全民健身活动开展，定编4人。

（7）县荆山韵歌舞团。该团成立于2012年7月，是原县艺术团经过改制转企的全民所有制企业单位，是荆县目前唯一一家县级从事歌舞创作、节目编排、开展常年演出的专业艺术团队。全团现有职工23人，其中技师2人，高级工6人，大专以上学历的10人，专业艺术学校毕业生6人。该团是荆县送戏下乡惠民演出合同单位。

（8）县青少年业余体校。是直属于属县文化体育和新闻出版局管理的正股级事业单位，活动经费来源于县体育发展中心，主要工作职能是：面向全县青少年进行体育训练和管理。定编6人。

2．乡镇综合文化站

2005年以后，荆县遵照湖北省政府和襄樊市政府的两个13号文件要求，全县11个乡镇文化站统一转制，开始运行"以钱养事"的新机制。新机制运行以来，实现了文化基础设施日臻完善，服务功能不断提升的目标。改制前后的变化情况为：从人员情况看，由原来的16人精简为13

人，保留事业单位编制；工资待遇方面，年人均工资由 8400 元提升到了
1.5 万元；文化活动经费全县原来是 25 万元，现在是 17 万元，活动经费
出现下降情况。

近几年来乡镇综合文化站建设和工作发生了积极变化。一是文化站整
体焕然一新。在 2005 年以前，乡镇文化站建筑和设施基本都是 20 世纪 80
年代建成的，设施设备比较陈旧、简陋。近几年，荆县利用中央和省关于
加强乡镇综合文化站建设的机遇，通过积极向上争取项目。目前，全县所
有 11 所综合文化站都按照"三室一厅"的标准进行了新修或者改建扩
建，面貌一新。同时，建好的文化站补充了 5 万元的新设备，服务能力普
遍提升。二是配备齐全。国家公共文化示范区标准要求 80% 的乡镇（街
道）建有单独设置的综合文化站。荆县所有乡镇都建立了符合基本标准的
乡镇综合文化站，从设备配置、基本人员配备到活动开展、综合管理等各
个环节都达到了文化部制定的《乡镇综合文化站管理办法》标准要求，
硬件条件达标，但是，实际活动开展情况参差不齐。

3. 农家书屋

农家书屋于 2007 年开始建设，在全县逐步推行。目前，全县已经建
成农家书屋 257 家，基本上每个行政村一个。每个农家书屋至少配备图书
1500 册，有专门场地，安排有专管人员，每月有补贴。

（二）文化队伍建设状况

1. 行政管理部门

荆县的文化行政管理部门是县文化体育和新闻出版局，挂荆县广播电
影电视局、荆县文物局、荆县版权局的牌子。有 6 个内设机构：办公室、
人事股、文化股、体育股、产业股和法制股（广播电影电视管理股）。县
文化体育和新闻出版局机关行政编制为 10 名，事业编制 4 名，合计为
14 名。

2. 县文体局直属单位

目前有 9 个直属单位，其中 8 个属于直属事业单位，有事业编制 74
人。2010 年经荆县人民政府批准成立县文化市场综合执法大队，为文化

体育和新闻出版局管理的副科级事业单位,事业编制人员6名。

3.基层群众文化组织

首先,县政府对全县社会文化名人进行登记和跟踪服务。全县500多名文化传承人全部建立了规范的个人档案,对重点项目传承人实行了补贴。

其次,有众多形式多样的农村群众文化组织。一是农村文艺宣传队。全县已经成立了57支文艺宣传队。有的乡镇组织活动积极,例如,荆县店垭镇有21个行政村,目前已经成立了14支文艺宣传队,队员有263人,2011年演出文艺节目55场。二是民间文艺队,在节假日期间,运用群众喜闻乐见、健康向上的民间文艺形式,如地花鼓、薅草锣鼓、鸣音唢呐、皮影戏、民歌和舞狮子、龙灯、高跷、蚌壳精、采莲船等,登门给群众贺喜庆、歌颂时代等。三是民俗队,借用旧的礼仪形式,注进新的文化内容。如马良镇有17个村成立红白理事会,帮助农户安排婚丧嫁娶,既节省又热闹,促进了农民移风易俗。另外,还有各种各样的舞蹈健身休闲等群众自办文化团体。

(三)文化队伍建设存在的主要问题

文化事业和文化单位目前在多数县级政府里属于弱势群体,与改革开放之初相比,甚至与改革开放之前相比,不论是文化单位数量、人员数量和主要文化设施数量,都呈下降趋势,明显与社会经济发展不同步。

1.文化队伍人才质量不高

一是缺乏专业人才。很多工作人员大都是兼职人员,专职、专业文化工作者严重缺乏,艺术、科学专业工作者的缺乏更加突出。根据2012年统计情况,在职人员具有副高职称的只有1人,中级职称的有14人,占12.5%,初级职称的12人,占10.7%,还有85人没有职称,占75.9%。二是学历结构不高。初中以下学历有21人,占18.7%,中专或者高中学历的有44人,占39.2%,大专学历的有34人,占30.4%,有本科学历的仅13人,占11.6%,正规全日制本科毕业的仅2人。十多年来,无全日制本科大学毕业生分配到文化系统工作。三是年龄结构趋于老化。35

岁以下有 14 人，占比 12.5%，36—50 岁的 57 人，占比 50.9%，50 岁以上的有 41 人，占比 36.6%。文化系统在职年龄最小的干部也有 30 岁，在职干部大多数是 20 世纪 80 年代进入文化单位的。全县文化系统干部平均年龄 45 岁。民间文化传承人的年龄集中在 50 岁以上，最年轻的 32 岁，年龄最大的 80 岁。同时，又缺乏对员工的专业培训。对县乡村的文化职员每年市县也都会安排一定的培训，但是培训往往是围绕新的政策要求、新技术的操作和管理基本规范等内容开展的，具有很强的实用性和临时性，对专业业务和新管理理念的学习培训还是较少。对民间文化艺术人才缺乏专业培训，没有促进能力提升和交流的职能，主要还是靠个人自己的学习、拜师和主动进步。

表 4 - 1　荆县在职文化人员结构表

	职称				学历				年龄		
	副高以上	中级	初级	无职称	本科	大专	中专或高中	初中及以下	35 岁以下	36—50 岁	51 岁以上
人数（个）	1	14	12	85	13	34	44	21	14	57	41
占比（%）	0.9	12.5	10.7	75.9	11.6	30.4	39.3	18.7	12.5	50.9	36.6
总共	112 人										

2. 管理体制不顺，人员流动不畅通

2005 年以后，根据湖北省委省政府要求，乡镇文化站整体转制为社会中介组织，人员退出了事业单位编制，成为社会自然人，实行“以钱养事”新机制。这是推进公共服务供给方式市场化运作的一种创新，有其合理性。如，可以减少冗员，通过“市场化”手段降低成本，提高效率等。但是，在实际运行中也出现了一些新的问题：比如，由于身份是社会人，大学生等专业人才不愿意进来，年轻人才严重匮乏，留下的基本上都是年龄大的同志。近 10 年来全县没有进过 1 个科班人才。从 2009 年以后，文化站又回归为事业编制，但是编制名额很少，平均每个乡镇就是 1 人。由于受编制和经费的制约，需要的人进不来，需要出去的又出不去，有的不具备专业知识，但有"合法"身份。乡镇综合文化站由原来的文化局垂直管理变为双重管理，即人、财、物都由乡镇管理，文化局负责业务指导，也出现了双方的工作协调问题。文化局无法从全县领域对乡镇综合文化占人员进行调配，10年来各乡镇综合文化馆人员没有流动过。

3. 工作积极性不高，工作缺乏活力

基层公共文化工作者工资待遇不高，乡镇人均1.5万元，每月工资就是1000多元，个人生活都很艰难，养家糊口更不用说，因而只能是部分年龄大的人留下来。另外，职称和岗位缺乏保障，培训机制不健全、培训经费匮乏，缺乏有效的激励机制，使得部分文化专干工作积极性不高。

4. 基层文化工作者数量不足，比例偏低，县乡之间不均衡

全县11个文化馆共有职工13人，平均每个乡镇只有1个员工，没有达到国家要求的乡镇（街道）综合文化站的人员编制3名以上的要求。县直文化单位人员有74人，是乡镇总数的几倍。在全县文化工作者数量不够的情况下，基层人员比例更低。业余文化队伍建设体制不健全。目前，全县业余文化队伍整体表现为数量少、素质低，没有一套切合实际的管理办法。

（四）加强基层文化人才队伍建设的基本对策

1. 加强政策和制度的保障，稳定专业队伍

一是要根据国家的政策要求，结合地方实际，制定文化人才建设规划和具体的政策制度，加强制度保障，保障文化服务队伍的事业编制和待遇。二是保障编制和人员的足额到位。如县级文化事业单位业务人员占职工总数不低于80%。乡镇党委、街道党工委配齐配强专职文化委员和干事。按照关于推动文化大发展大繁荣的决定，"乡镇（街道）综合文化站的人员编制3名以上，行政村和社区有至少1名财政补贴的文化管理员"。三是要加强对职工的学习培训。按照国家要求，县级文化单位的在职人员参加脱产培训时间每年不少于15天，乡镇街道、村、社区基层文化专兼职人员参加集中培训时间每年不少于5天，县、乡、村、社区基层文化专

兼职人员参加全国基层文化队伍远程网络培训时间每年不少于80课时。这需要切实贯彻到地方管理规定中来。

2. 积极引进和留住优秀年轻专业人才

当前县乡文化部门人才严重老化，梯队建设迫在眉睫。荆县10年没有进一个专业科班大学生就足以说明问题的严重。完善相关配套制度，鼓励有专长的大学毕业生到基层从事文化工作。在人员招聘政策上，可以放宽条件，专科、三本的学生都可以报考，尤其是要鼓励本地学生回归，有利于稳定队伍。设立城乡社区公共文化服务岗位，对服务期满高校毕业生报考文化部门公务员、相关专业研究生实行定向招录。要营造良好的人才成长环境，要对真正的人才做到政治上关心、生活上照顾、工作上关注，通过待遇留人、工作留人、感情留人等方式，让能干事、会干事的人才留住。

3. 建立和稳定一支结构合理、专兼结合的农村文化服务工作队伍

要充分调动农村文艺骨干的热情，积极扶持乡镇（街道）村（社区）基层队伍，加大对文化队伍和文化工作者的评优、奖励及宣传力度，定期开展优秀文艺团队、优秀文化工作者等评选活动。加强业余文化骨干、文化志愿者队伍建设，每社区、村业余文艺团队不少于2支等。

4. 加大农村民间文化人力资源开发

放开对社会各类文化团体和公益组织的成立审批程序，积极鼓励和促进各种民间公益性组织的成立和发展，如鼓励老年协会、妇女协会、民间艺术团、业余小剧团、秧歌队等民间文艺团体的成立，为它们的成长创造良好的环境，包括给其活动提供便利场地，提供服务信息，通过组织大型活动社会汇演，为其提供表演的机会，并通过比赛评奖、文化订单等方式给予其奖励和补贴。

5. 建立民间特殊人才关怀制度

一是加强关怀和爱护。许多民间艺人生活还很辛苦，政府发放的补贴每月只有十几元，多数还没有享受到。政府要加大对民间文化名人的关怀。如，建立特殊津贴制度，提高补贴待遇；健全和落实激励措施，对有

突出贡献的农村文化单位和农村文化工作者给予表彰和奖励；每年组织一次优秀民间艺人评选活动，并颁荣誉证书和发放一定的奖金。要在全社会形成关心、支持农村文化建设的良好氛围。

二是探索民间特殊文化人才职称评定实施办法，培养一批乡土艺术家、民间艺术传人等特殊文化人才。要转变农民的观念，激发农村本土文化的自生和繁荣。

三是打破常规，积极引进人才。有些民间能工巧匠，他们虽然不具备专业人才身份，但他们具有发展文化的能力，政府要开门纳人。

三、荆县农村公共文化消费和需求均衡状况

（一）公共文化消费特点和文化需求现状

1. 农村公共文化消费特点

中国传统农村的文化生活应该是一个综合体，从基本的各种娱乐，如戏曲、舞蹈、音乐、皮影，到高雅的琴棋书画，再到深厚的教育、风俗、道德和宗教等等，这些文化现象与农民的日常生活、生产密不可分，相互融合，是中国农村的灵魂。从现代公共文化的定义来看，当前农村的公共文化主要内容与城市没什么两样，主要包括书籍阅读、文艺活动、电影电视、戏曲、舞蹈、棋牌和各种群体性娱乐活动等，是一种常规生产劳动之余的休闲和娱乐内容，是一种生活的精神享受。

由于农村保留了农业社会的基本特征，如村落聚集、熟人社会、重视风俗、崇尚道德、相互帮助等，公共文化活动的集体性特征很强，农村群众文化消费明显具有不同于城市的某些特点。

（1）大众化。除了少数交通便利、商业发达的农村中心集镇外，多数一般的农村由于受到经济发展、群众文化素质、与外界交流等因素的制约，传统的公共文化消费具有大众化特点，也就是以通俗文化为主，下里巴人，雅俗共赏。在本地农村中最流行的文化，如地方戏剧、曲艺说唱、舞狮子、踩高跷等，文盲都可以听懂，妇孺都可以享受。

（2）公共性。即商业化不强。农村的公共文化就是一种公共娱乐，

具有共享性。绝大多数的文化活动都是开放性的，免票的。不可能像城市一样有专业的戏院、影剧院，买票进场。传统的一些小规模的农村街头卖艺都是自愿赞助，甚至送一碗饭、一碗水即可。红白喜事时的规模大的表演都是由主家埋单，大家来捧场欣赏。大型节日、庙会的文化活动要么来自于公共集资，要么由少数富人承担。

（3）自娱自乐、自办自享。除了一些专业性的文化团队外，农村的多数集体文化活动都有广泛的群众参与性。踩高跷、舞狮子、扭秧歌、玩杂技、下棋打牌，几乎人人都会一手，男女老少各有各的专长。一些大型活动，全村人几乎都要参加，既是演员又是观众。

（4）时节性。大型的集体活动与各类节假日相结合。公共文化有公共载体，有时节和场合的约束和机遇，如春节、元宵、端午、庙会、婚丧嫁娶等，都是文化活动高潮时间点。

（5）地域性。文化的种类、内容、形式和特色等都具有明显的地域性，文化是与当地的生产、生活、历史、风俗等结合紧密的。比如，地花鼓、薅草锣鼓、鸣音唢呐、皮影戏、民歌和舞狮子、龙灯、高跷、蚌壳精、采莲船等，都具有鲜明的荆县历史和地域特色。

（6）传统性。农村群众对传统文化情有独钟，具有深厚的感情。虽然，年轻人中越来越流行现代文化，但是传统文化、本地文化在农村还是具有深厚的土壤，农村的大型文化活动还是以传统文化形式为主。在新的时代，仍然会焕发新的生机。值得尊重、珍惜、保护和传承。

2. 当前农村公共文化需求现状

通过调查，当前荆县农村群众公共文化娱乐的主要形式先后是：

（1）看电视。这是当前绝大多数农村最普遍、最方便、最主要的文化消费形式。通过广播电视"村村通"工程，农村基本上可以通过全覆盖的卫星公共服务或者有线电视看到 30 个以上的频道。电视成为农民文化娱乐和获取各种信息的主渠道。

（2）棋牌娱乐。打扑克和打麻将是农村普遍性娱乐方式，多数是与邻居、家人、朋友玩，带有小额赌注，主要是娱乐为主，亲朋好友团聚、过年过节、工作之余、吃饭之后的空闲时间，打麻将成为主要选择。

（3）红白喜事的文艺演出。包括各类吹拉弹唱节目，既有流行歌曲，也有传统戏曲，很受欢迎。

（4）看电影。主要是送电影下乡。越是偏远的地方越受欢迎。

（5）看戏。节假日的演出或者是送戏下乡，以老年人为最多。

（6）健身舞蹈。吃的好起来，劳动量减少，保持身体健康越发重要，现在农村也与城市一样，早晚跳广场舞，锻炼身体也逐渐流行起来。

（7）上网。在一些集镇或者通讯便利的地方，宽带网络也走进乡村，年轻人家纷纷买电脑，通网络。发展趋势很快。

（8）看书。

3. 主要问题

一是农民的文化消费选择偏向通俗化、娱乐化，对文化素质提高作用不够。由于农村常住人口是留守老人、妇女和儿童，除了县城的素质相对高的干部和职工外，一般群众看电视更多选择娱乐性节目，远远超过新闻联播等时政类节目和知识文化类节目的收视率。

二是农民喜欢的文化娱乐内容常常得不到满足。如地方戏曲、农业科技节目占电视节目比重很小。许多传统节目表演更受群众喜欢，如民乐演奏、说书、杂技等，但是很少有机会看到，传统艺人越来越少，表演机会越来越少。

三是一些传统文化内涵丰富或者高雅的文化逐渐在消失。如下象棋、毛笔书法、书画、各类民乐乐器演奏等，在年轻人中流传不起来。

四是打麻将热，甚至是封建迷信活动重新抬头。各类宗教文化也有升温的趋势。办丧事上的吹唱班节目内容也开始演变为通俗表演，甚至走向庸俗。说明农村文化健康发展的问题越来越突出。

（二）政府提供的公共文化服务内容

荆县与湖北全省各县市，甚至是全国各县一样，给农村提供的公共文化服务范围和内容大致相同，湖北省叫"文化惠民工程"。因为在中国公共文化服务的内容选择上，有一个标准化模板，基本上是供给方（政府）

占主导而不是消费方（群众）占主导。荆县政府及县文体局在公共文化建设和服务上的主要内容，基本上是根据国家和省市对县级文化建设服务的要求来确定的。当前主要的工作内容就是六个"文化惠民工程"。

表 4 - 2　湖北省重点文化惠民工程内容①

工程项目	主要内容和要求
广播电视村村通工程	全面实现自然村广播电视"村村通"，并向"户户通"延伸，直播卫星公共服务全覆盖。全省90%以上行政村实现有线广播电视光缆联网。全省广播电视人口综合覆盖率达到99%
文化信息资源共享工程	以"三网融合"为基础，建立省、市、县、乡、村间高效传输通道，实现文化信息资源进村入户，实现文化信息资源共享
农村电影放映工程	继续配备流动电影放映车和数字电影放映设备，普及数字化流动放映。全省农村电影放映能力达到年32万场
农家书屋建设工程	2012年基本完成全省农家书屋建设任务，力争实现每个行政村全覆盖。建立健全农家书屋管理制度，创造良好阅读环境
数字图书馆建设工程	建立湖北数字图书馆服务门户，提供揭示性书目信息不低于500万条，电子图书不低于50万种，电子报刊不低于12000种。2015年前完成覆盖全省公共图书馆的数字图书馆虚拟网建设。加强公共电子阅览室建设
市州重大公共文化工程	新建、改扩建一批公共图书馆、文化馆、博物馆

荆县的主要公共文化服务内容有：

1. 送戏下乡工程

荆县艺术团作为送戏下乡工程的主要实施单位，设备齐全，队伍稳定，配备有专业的流动舞台车一辆，每年下乡演出100余场。荆县的宣传口号是"走山村、走边远、走贫困，把文化大餐送到群众的家门口"。

2 公益电影放映工程

建立起了公共服务和市场运作相协调、固定放映和流动放映相结合的农村电影服务体系。荆县农村公益电影放映共有12支电影放映队伍，始终坚持一村一月一场的目标，每年有12部影片与广大农民见面。全县

① 资料来源：《湖北省"十二五"时期文化改革发展规划纲要》。

257 个行政村，每年共要放映电影 3084 场。

3．农家书屋工程

2011 年开始，荆县农家书屋建设在全省率先实现了全覆盖，惠及 257 个行政村和 19 个社区。还启动了卫星电子农家书屋，将音像制品、图书、杂志、报纸等数字出版物，通过卫星投递到每一个农家书屋中。村民可通过电视、投影、电脑等终端设备选取和阅读观看。

4．广播电视"村村通"工程

按照"巩固成果、扩大范围、提高质量、改善服务"的要求，构建农村广播电视公共服务体系。目前该工程正在向"户户通""村村响"延伸。荆县广播电视"村村通"建设稳步推进，截至 2012 年，全县有两万余户农村群众享受了这项优惠政策。

5．农民体育健身工程

"农民体育健身工程"是一项构建农村体育服务体系的政府惠民工程。以行政村为主要实施对象，以经济、实用的小型公共体育健身场地设施建设为重点，特别是村级体育设施的建设。荆县农民体育健身工程于 2012 年实现了全覆盖，在各个行政村先后建立了 257 座体育场地并配套运动设施，为农民开展体育锻炼创造了条件，推动了农村体育事业的发展。

6．文化信息资源共享工程

这是利用现代网络等技术手段为基层提供便捷的文化服务的新趋势和新内容。文化信息资源共享工程就是将现代社会文化信息资源，进行数字化加工处理与整合，建成互联网上的文化信息中心，并通过文化信息资源网络传输系统覆盖到县（市）和乡镇、街道社区和村庄，实现优秀文化信息在全国范围内的共建共享。荆县文化信息共享工程发展迅速，不仅在县图书馆设立了信息共享中心，同时信息共享到所有乡镇的行政村，农民群众在村级文化中心就可以上网直接查看各种致富信息。

另外，荆县还结合本地情况，加强了对非物质文化遗产的保护工作。多途径加强有关非物质文化遗产的保护宣传，开展了全县非物质文化遗产的普查，全面收集整理了非物质文化遗产的资料，积极向国家和省市申报了多项非物质文化遗产。荆县申报的《沮水呜音》《黑暗转》进入国务院非物质文化遗产保护名录，《荆山阳锣鼓》《独臂皮影戏》等6项非遗项目获得省市保护，69项非遗项目获得县级保护。

（三）需求与供给的均衡情况

1. 文化惠民工程基本符合农村现实需求，受到广大农民的欢迎

广播电视村村通（有的是户户通）、送戏和送电影下乡、健身器材进村、网络和文化信息共享等，都给农村文化生活带来了明显的变化，农村文化生活变得丰富多彩，与前些年的处于"贫血"状态相比，当前的农村文化已经开始面色泛红，再现生机活力。在良好的大环境政策推动和地方政府有效落实的情况下，荆县的群众性文体活动有声有色，一些活动精彩呈现。荆县把文化工作纳入乡镇工作考核目标体系，并且通过"以钱养事"合同的约束，推动了群众性活动的兴起。各乡镇文化站按照"三贴近"的要求，加强了校园文化、乡村文化的建设，以各种重大节日为契机，重点策划和组织了春节、元宵节、"五一"、"十一"、元旦等重大节日活动。文化服务质量得到提高。由于实行文化活动的质量与文化站人员报酬挂钩，所有直接针对群众服务的项目必须得到农民群众的认可，这一机制促进了文化服务质量的提高。实现了"乡镇有综合文化站、村有农家书屋、组有文化中心户、户户看上免费电影、人人共享文化发展成果"的目标。毋庸置疑，"文化惠民工程"值得大力肯定，值得推广普及。2013年底，广播综合人口覆盖率为87%，电视综合人口覆盖率为99%。

2. 公共文化服务的针对性、实用性有待提高

一是政府主导下的主观取向明显。地方政府在农村公共文化建设过程中，普遍存在重硬件、轻软件，重建设、轻管理，重考核指标数据、轻实际效果反馈等现象。不管是县上"三馆"升级、乡镇的综合文化服务站新建，还是村里的"农家书屋"推进，只要进入了规划和示范区，各级的投资基本上能够得到保障，文化设施、设备等硬件建设很快就得到改观，但是，管理体制、队伍建设、服务方式优化、文化产品开发等软环境

建设相对滞后。如，县上各类文化服务方式还不够科学优化，乡镇综合文化站的"综合服务"职能尚待完善，"农家书屋"的作用发挥还远远不够。

二是群众对文化公共服务缺乏知情权和参与权。农民在决策过程中参与不足，话语权没有保障，农民真实的文化需求很难在农村公共文化供给中得到表达。既不知道政府服务的职责和要求，也不知道自己的文化权利。对具体的文化服务无法提出具体的要求，也不知道如何有效表达自己的需求。只是对明显加大的服务感到高兴，真诚感谢党和政府，还没有主人的感觉。免费让村民群众一月看到一场电影是新时期党在农村的一项文惠民政策。老百姓是否知道这项政策具体内容和要求？通过调查，群众普遍反映是"三知道三不知道"——知道没收费，不知道是谁买的单；知道会放电影，不知道具体放映时间；知道每年有电影看，不知道一年能看到多少部影片。在农村，每个村都建有了农家书屋，每个书屋统一配备了至少1500本图书，有政治、经济、哲学、文学和少儿读物"五大类"。但是，有的村民甚至不知道农家书屋的存在，农家书屋的书很多，但是借的人很少。

三是新的文化服务内容和形式没有跟上时代进步和群众需求的步伐。最典型的事例就是县乡中心集镇的广场建设。现在县乡农民在解决温饱后，对身体健康和锻炼的要求在迅速生成，并与全国大中小城市市民业余文化活动接轨，现在全国各地都在流行广场舞，每天早晚，几乎所有的公园广场都有广场舞，参加人数很多，群众喜欢。广场舞就是现代大众文化和体育休闲表现形式。现在突出的需求矛盾是需要更多、更好的广场等场地。而在原来的农村公共文化的建设中，并没有列入"惠民工程"范围，因而，也没有实质的保障。少数经济发达的乡镇才有，多数乡镇和村庄根本没有纳入规划，也没有财政安排。原来还把小县城修大广场看作是形式主义，贪大求洋的批判对象。现在，在许多大中城市已经出现了群众锻炼场地紧张，广场舞场地占用生活小区部分空间，许多地方都发生了广场舞大妈与部分居民矛盾冲突的事例。现在的乡村需求刚刚显露，地方政府必须要有长远眼光，根据新型城镇化和城乡一体化的发展趋势，要未雨绸缪，拓展公共文化服务范围，适应社会发展和群众富裕后的新需求。

四是存在文化政绩工程现象。为了扩大宣传，地方政府喜欢搞一些大的动作，有的浪费严重华而不实。在创建的开始热情高，日后热情减退，虎头蛇尾。也有的地方领导对文化建设口上喊重视，实际上不重视，有的乡村干部认为没啥大用处，投入是浪费，不如搞经济建设，或者建设基础设施。正如有的学者指出："很难形成共建共享机制，导致开发建设的文化产品和服务内容质量不高，不能适应人民群众的真正文化需求，这势必造成资源在开发之初浪费人财物，在相关文化产品形成之后利用率低下"。①

五是公共平台节目内容脱离农村群众、脱离现实。农村在某些物质生活方面也实现了现代化，如现在的农民几乎家家都有了电视，有的还买了录像机和电脑，手机上网也逐渐普遍。但是并没有多少符合农村实际，满足农民需求的好的节目内容。"一个很明显的表现：农民虽然现在几乎家家都有了电视机，可是电视节目却姓'城'不姓'农'，真正适合农民看的节目是少之又少"。②

（四）加强公共文化服务针对性的对策建议

1. 尊重群众的基本文化权益

通过完善民主决策机制和优化服务方式等途径扩大群众的参与权和知情权。例如，荆县电影公司面对前面提到群众对免费送电影的"三知道三不知道"状况，立即积极改正：一是在县内新闻媒体上进行字幕介绍和动态报道，二是通过院线公司制作字幕，输入到各放映队数字服务器中在放映过程中滚动播放。通过宣传，村民群众从中知道，公益放映是党和政府的文化惠民政策，每年免费看12部影片是一种文化享受权益，根据固定

---

① 官盱玲：《创新农村公共文化服务体系的实践与思考》，《赤峰学院学报（汉文哲学社会科学版）》2011年第12期。

② 刘若实：《从农民观念的变化看农村公共文化服务建设》，《阜阳职业技术学院学报》2013年第9期。

举报电话，可以进行监督，行使公民的权利。

　　2．提高农民自办文化的主体意识和能力

　　要让广大农民群众意识到，自己不仅是文化的受益者，更是文化的创造者，提高他们的自信，激发他们自办文化活力，甚至结合文化旅游创办活动，发展文化旅游产业，过上"农民＋演员＋企业家"的新型农民生活。农村公共文化需要农民群众积极主动参与，充分考虑到农民对文化建设的满意程度。变直接服务为间接服务，梳理现代治理的理念，发挥农民的主体地位。可以通过政府搭台，群众唱戏；政府埋单，群众组织和参与；可以通过资助乡间文化团体、组织比赛和评奖、服务订购等方式激活农村文化市场。

　　3．重视和加强公共文化场地建设

　　人民公社体制结束后，群众大会不开了，大喇叭也不响了，集体活动很少组织了。除了一些红白喜事，大操大办。农村几乎成了一盘散沙，村民之间越来越疏远，各家开始关起门来自己过日子了，像过去那种"房前屋后，饭前饭后"扎堆聊天的现象已不多见。也很难举办有组织的集体活动。其实，农民对集体文化活动是有渴求的。因此，随着农村的现代化和城乡一体化发展，农村也需要建设一些现代性的公共文化设施，如乡村文化广场、多功能文化娱乐中心等。

　　4．根据农民生产生活特点进行管理和运行

　　比如，农家书屋的管理和运行就需要结合本村情况灵活运作，不可能像县城里的图书馆一样，在每天较长的时间段有专职人员开门值班。因为农家书屋的管理员都是兼职，并且白天基本上都在劳动。在荆县马桥镇的黄龙观村，管理员就做出许多创新之举。一是扩大宣传。向村委会借来扩音喇叭，在村级一些大型集会活动上，向群众发放宣传卡，讲解书屋的藏书内容和特点，使他们对农家书屋有个初步的了解，也把书屋的工作职责和制度进行了公示，让大家共同监督。二是人性化设定开放时间。在书屋的开放时间上，根据群众的实际需求设定开放时间，在宣传卡上印发了图书管理员的姓名电话，只要群众需要，随喊随到。学生放假期间，实行全天开放，而平常就根据群众收工时间定于每天下午五点后开放。三是对书屋实行多样化管理。在寒暑假期间，来借阅的学生比较多，管理员就让他们参与整理图书，管理图书，把图书分类放置并编好图书登记册，让他们来当"小小图书管理员"，这不仅激发了孩子们更爱来书屋的兴趣，也为村民们寻找喜欢和需要的图书提供了更加便捷、周到的服务。四是图书服务围绕发展经济转。该村的支柱产业是磷化工，基础产业是种植养殖，远景产业是旅游业。为此村里每年都拿出资金结合实际情况，另外购买一些农业科技、畜禽养殖、矿山管理、劳动保障以及旅游服务等方面的书籍，目前这方面的书籍已经成为最热门的借阅书籍。还可以把"农家书屋"与学校图书室合并管理，或者与农家超市捆绑管理等。

5. 弘扬优秀的传统文化，坚持社会主义先进文化

一是提升农民文化素质，推进传统优秀文化的传承和发扬光大，包括传统戏曲、传统艺术、民间绝活、琴棋书画等，树立乡村文化名人典型，塑造现代文明农民新形象；二是移风易俗，制止和打击封建迷信、黄赌毒等不良现象发生蔓延，弘扬社会主义道德，发展积极向上、健康有益的文化。

四、荆县农村公共文化服务的供给和运行机制

（一）公共文化服务供给的基本要求

《第二批国家公共文化服务体系示范区创建标准》对公共文化服务供给方面的目标和要求等提出了明确的规定。

1. 基本目标

以统筹城乡文化发展、推动基本公共文化服务均等化为目标，农村公共文化服务要面向基层、面向农村，实现重心下移、资源下移、服务下移。农村公共文化服务总量明显增加。群众性文体活动的经常化、体系化程度明显提高。

2. 主要内容要求

一是文化服务实行不同程度的供给。最基本的公共文化服务要实行免

费供给，如美术馆、图书馆、文化馆（站）、博物馆一律实现免费开放。根据地方实际文化资源情况，建立和完善科技馆、纪念馆、工人文化宫和青少年宫等公共文化服务设施，以及爱国主义教育示范基地建设，并向社会免费开放服务；鼓励其他文化单位、教育机构等开展公益性文化活动，各类公共场所要为群众性文化活动提供便利。

二是实现政府主导下的供给主体和供给方式多元化，鼓励和推动社会力量参与公共文化产品的生产和供给。如，引入竞争机制，面向市场，采取政府采购、项目补贴、定向资助、贷款贴息、税收减免等政策措施鼓励各类文化企业参与公共文化服务，通过集中配送、连锁服务等多种方式，有效解决公共文化产品供给问题。

三是创新公共文化服务方式。图书馆通过开设分馆等多种形式形成服务体系，实现通借通还；图书馆、文化馆要具有数字资源提供能力和远程服务能力；县市图书馆、文化馆能够配备流动服务车，图书馆每年下基层的流动服务次数不低于 30 次，文化馆每年组织流动演出 12 场以上；推进全国文化信息资源共享工程建设，打通最后一公里，实现乡乡有基层服务点和"村村通"；建立网上图书馆、网上博物馆、网上文化馆等，基层群众可以通过多种方式使用文化信息资源及享受数字图书馆、数字文化馆、数字博物馆等的资源服务。

四是有效保障弱势群体和特殊人群的基本文化权益。在县乡地区也要做到重视公共文化服务设施设置中体现方便残障人士以及老年人、少年儿童的活动区域和服务项目。图书馆配备设备和资源，开展面向盲人的服务。文化馆需要组织针对上述特殊人群的各类文体活动和专题文化培训等。

（二）公共文化服务的供给方式和实际运行

在特定的环境和有限的条件下，能够把贫困山区县的农村公共文化工作做得有声有色，做到上下都满意，就必须要找到有效的活动方式和载体。荆县从山区实际出发，结合地方特点，积极探索有效的方式和载体，开展丰富多彩的活动，实现了文化的有效供给。

1. 完全实行了基本公共文化服务的免费提供

目前，贫困山区县的农村文化建设和服务的主要载体和平台还是政府文化部门直接管理和运行的文化事业单位。农村的公共文化服务供给的主渠道还是政府公共部门，即图书馆、博物馆、文化馆和各乡镇的文化站、电影公司和艺术团等。主要的免费服务方式和途径就是下乡送戏、送电影、办展览、办橱窗，免费开放图书馆、博物馆和综合文化站等。这些渠道和方式占领了农村文化的主阵地，主导着农村公共文化服务的内容和文化发展方向。

2. 调动社会力量，推进广泛参与

荆县的政府文化力量和文化基础薄弱，光靠发挥政府主阵地作用远远不能满足人民群众日益增长的丰富多彩的文化需求，必须要激发社会力量，扩大参与，发挥群众的文化主体作用。荆县在此方面的基本思路是：以村级文化为基础，以节日为主线，以职能部门为依托，以青年妇女为骨干，以服务中心为立足点，广泛开展集镇文化、企业文化、校园文化、村组文化和场屋文化，把大部分县直、乡镇直单位和部分村组都搅动起来，体现了群众参与的广泛性。例如，2011 年全县城乡共举办各种文艺汇演、调演、文艺竞赛、舞会、文艺联欢会等 180 余场次，演出的各种形式的文艺节目 1500 多个，参加活动的群众 7 万余人次。春节期间组织民间艺术活动近百场，观众达 5 万人次。在演出的节目中，群众自己创作的近三分之一，既有阳春白雪，又有下里巴人，为群众喜闻乐见，许多演出观众爆满。

3. 创新服务方式，增强群众的满意度

一是拓展服务领域，提供专职之外的社会服务。为了加强社会群众对文化工作的信任和支持，增加群众的满意度，创造优质的文化服务。一些文化单位能够及时回应社会群众需求，利用自身条件积极主动地为社会提供服务。主要是提供培训、技术指导、典型示范和提供场地等。一个典型事例就是"县文化馆开展文化志愿者广场舞服务活动"。随着生活水平的提高，运动健身的生活理念渐入人心，老百姓对精神生活的追求也是从无到有，从低到高。广场舞蹈深受百姓喜爱，为丰富广大人民群众业余文化生活，推广科学、健康、文明的生活方式，提升广大群众的文化素养，县文化馆文化志愿者利用双休日为广大群众进行广场舞辅导活动。文化馆组织文化志愿者编排了蒙古舞、新疆舞、傣族舞、藏族舞及广场舞，并带领广大文艺爱好者跳广场舞。广场舞蹈培训活动吸引了大量的群众，参与者精神饱满，学习热情高涨，积极性非常高，文化志愿者热心辅导，与群众相互交流，相互探讨，参与的群众基本上掌握了不同风格的广场舞蹈，极大地丰富了广大群众的业余文化生活。这是政府部门服务形式和角色定位调整的生动事例。第一步，群众对广场舞的需求很强烈，文化馆能够及时感知并做出反应；第二步，就是积极主动组织起志愿者；第三步就是面对群众宣传，满足群众需求。在此过程中文化部门扮演了一个合格的组织者和服务者角色。而服务的具体提供者是社会组织，满意者是广大群众。

二是因地制宜，文化服务与地方经济发展和群众生产生活相结合。荆县文化服务还是坚持了传统的"文化搭台，经济唱戏"的思路，以此取得各级政府的重视支持，也为群众的生产生活服务。主要的做法是，充分利用送戏下乡、放电影和文艺演出的机会和场合，加放科教影片和幻灯片，宣传农村实用科学技术和富民政策，表扬乡村好人好事等，加强社会主义道德教育，深受各方面好评，取得了良好的社会效果。

三是利用现代科技条件，在所有的乡镇综合文化站都建设实施了文化信息资源共享工程，培训了管理员，群众可以通过多种方式使用文化信息资源及享受数字图书馆、数字文化馆、数字博物馆等的资源服务。

（三）存在的问题和薄弱环节

1. 公共文化产品生产和供给的市场化机制还不健全

国家的政策要求是"实现政府主导下的供给主体和供给方式多元化"，"引入竞争机制，面向市场，采取政府采购、项目补贴、定向资助、贷款贴息、税收减免等政策措施"。毋庸置疑，这是服务供给机制改进的大趋势，也是提高服务水平的有效机制保障，比较先进的省市已经在多个服务领域推开。文化服务在省级和大中城市里已经有了好的经验。但是，从荆县实际情况看，还有些难度，因为市场环境还不够成熟。目前，荆县的电影放映、送戏下乡、图书配送基本都是政府主导，由文化下属事业单位承包完成，服务主体没有完全市场化（没有面对社会开放竞标）。原来乡镇的"以钱养事"机制的许多"服务中心"已经回归"事业单位"。当然，各种采购方式、补贴制度和考核制度等已经具有了市场化色彩。

2. 服务水平有待提高

由于文化部门的员工普遍存在待遇不高，流动不够，工作积极性不高，文化素质偏低等情况，很难提升服务水平，转变服务理念。尤其是在乡村基层，管理松散，文化场所开放时间得不到保证，服务内容不全面，配套设施也不完善。有的管理人员责任心不强，经常出现书籍等文化物品流失、损坏现象。

3. 保障弱势群体和特殊人群的基本文化权益还有待重视

乡镇文化站和村农家书屋一般没有更多考虑弱势群体和特殊人群的特殊需要，很少有主动上门服务，或者专门提供特殊服务的。最近，在荆县推进和落实全国第二批公共文化示范市（襄阳市）的新的工作布局中，开始加上了相关要求。例如，艺术团和电影队也开始有计划地上门到各乡镇的"福利院"进行演出和播放影片。

4. 现代科技服务手段利用率不高

虽然各乡镇都建设了全国文化信息资源共享工程，也培训了管理员，但是利用率并不高，因为，留在乡下的年轻人有限，很多留守的都是老人妇女，并不习惯使用。

5. 许多服务的效率或者利用率不高

农村图书室发挥作用不够。最开始提供的书比较单一，许多是某单位捐献的书，同质化明显。理论宣传的书多，老百姓喜欢的农村实用技术书籍、文学艺术的书比较少，不能满足多样的需求。统一配送的书有的并不适应当地情况。电影下乡在有些偏远的乡村很受欢迎，而在一些交通便利、经济发达的集镇反而观众不多，有时寥寥无几，为了补贴和任务，不管下面是否有人，照常播放，存在资源浪费。

（四）创新服务供给方式的对策建议

1. 变"送文化"为"种文化"，建立农村文化的内生机制

直接"送文化"，有时送的文化不一定符合群众需求，送者也存在垄断，刚开始的时候可能责任心还比较强，天长日久就可能懈怠，服务变差，只是为了完成任务而已，甚至会落入原来计划经济体制的窠臼。因而，必须要对此进行改革，真正的服务应该是"种文化"，即"授之以鱼不如授之以渔"，要发挥群众的文化主人翁精神。一是变"直接送"为"间接送"。例如，不一定非要上面送戏，可以变成农民自己订戏、自己演戏，政府送赞助费、送补贴、送奖金。二是鼓励农民自办文化。应通过政府购买服务、民办公助、比赛奖励、政策扶持，引导和鼓励农民群众自编自演各种具有浓郁地方特色和乡土气息的文艺节目，让更多的农民群众参与到文化活动中来，真正实现由"送文化"向"种文化"的转变，实现文化在基层生根发芽，这才是农村文化繁荣生机的内生机制。

2. 充分利用农村传统节日精心设计开展文化活动

重要的节日和纪念日，如春节、元宵节、端午节等，保留了许多传统的文化活动，应继续发扬光大。还有庙会、婚丧嫁娶，也是重要的活动机会。有的地方还有生日戏、周岁戏、寿年戏等各种名目繁多的文艺演出活动。要采用广大农民喜闻乐见的形式，使先进的文化与传统文化和地域文化紧密结合起来。以"乡村人舞台"为载体，通过举办好农民文化节、农民文艺汇演等文艺演出活动平台，用评比、比赛、展演、巡演等手段，打造富有地方特色和农民特色的文化活动品牌。"千百年来形成的乡土文化，有它的不可替代性。富裕起来的农民自然也离不开这种乡土文化来表达自身的喜怒哀乐。乡土文化是我国优秀的传统文化奇葩，文化工作者应该意识到它的价值并予以开发，将其有序发展"。[1]

3. 拓宽政府和市场相结合提供公共文化服务方式

当前，农村有一批依靠市场机制产生和发展的服务农村传统习俗的文

---

[1] 官盱玲：《创新农村公共文化服务体系的实践与思考》，《赤峰学院学报（汉文哲学社会科学版）》2011 年第 12 期。

化组织，如吹唱班、民间乐队、民间文艺团体等。需要政府落实文化政策和税收优惠政策，鼓励社会组织、机构和个人捐赠以及兴办公益性文化事业，促进企业及民间对文化的投入。在政府加强监管的前提下，积极支持社会资本投资生产并提供公共文化产品和服务。另外，还要注意避免过度市场化。托宾（Tobin）在 1970 年提出了"特定的平均主义"理论。完全通过私人或竞争的方式提供，可能会使市场分层分类，虽然会提高生产效率，但却变成只是迎合部分接受者的需要而无法真正体现公平，这导致许多公共服务的生产往往因考虑公平的因素而不得不采取低效率的生产组织方式。①

4. 以点带面，做好公共文化服务的优质"示范工程"

提高全县的服务水平不能操之过急，应该通过"以点带面"稳步推行。首先重点抓好县级文化设施和单位的服务水平，并选择条件好的个别乡镇和村庄，树立各方面的典型和标杆，总结经验，规范标准，以此建立全县的示范模式，逐步推广，以此辐射乡镇、村庄社区，指导、带动基层文化设施的规范化建设、管理和服务。

5. 有选择地逐步推进政府采购、委托生产、项目外包等供给形式

政府文化部门可以根据社会群众的文化需求，确定公共文化产品和服务内容，然后面向社会公开发布采购目录，择优竞标，以此提高服务的针对性和满意度。委托生产要注意首先制定好产品标准规范，这种标准要得到群众基本认可；其次，受委托机构和社会组织需要一定的资质和信誉，保证能够优质提供政府规划指定的公共文化产品和服务。公共文化项目外包的范围主要是针对一些具有经营性质的文化项目，政府提出运营目标，并给予相应的财政或经费补贴，整体对外承包；也可以用从市场招聘项目负责人等市场化的方式来搞活经营管理，提高运营效率和服务质量，这在少数的准公共文化机构比较适用。

---

① 孙士鑫：《构建农村公共文化服务体系的基本理论分析》，《当代经济》2011 年 7 月（上）。

6. 利用好现代网络科技拓展乡村文化空间，建设卫星数字农家书屋

2013年7月，湖北省新闻出版局为荆县配送了首批300套卫星数字农家书屋电子设备。县文化体育和新闻出版局举办电子书屋安装培训班后，卫星数字农家书屋这一文化惠民工程全面开始实施。卫星数字农家书屋是航天数字传媒有限公司与新闻出版部门利用航天高新技术联合打造的卫星数字平台，它不受地域及自然气候、地理条件的限制，都能将高品质的音像制品、图书、杂志、报纸等数字出版物，通过卫星投递到任何一个农家书屋中。村民可通过电视、投影、电脑等终端设备选取和阅读观看。卫星数字农家书屋是以"容量大、更新快、覆盖广、成本低、可管控"为特点的新型数字化运营管理和服务平台，作为传统农家书屋的延伸和补充，利用卫星的传播和覆盖优势，可弥补现有农家书屋特别是偏远地区农家书屋书报投递难、内容更新慢、资讯时效性差等不足。利用卫星网络优势打造卫星数字农家书屋，已经成为荆县农家书屋工程建设的新亮点。

7. 加强文化与旅游相结合

逐步富裕起来之后，旅游越来越成为中国老百姓生活的内容之一，也成为拉动地方经济发展的一张名片，地方政府越来越重视旅游产业的开发，同时竞争也在加剧，如何促进旅游产业发展，如何推进旅游升级，人们迅速把目光瞄准了文化，旅游文化或者是文化旅游迅速升温。文化是旅游的灵魂，旅游是文化发展的重要途径。旅游与文化的结合应该是相辅相成的。文化旅游包括历史遗迹、建筑、民族艺术、宗教等内容。中国传统文化博大精深，各地的文化又丰富多彩，通过旅游的平台可以得到展现、传播、完善和传承。荆县是楚文化的发源地，具有深厚的文化底蕴，越是山区和欠发达地区，传统文化的基因越是保存完整，如地花鼓、薅草锣鼓、呜音唢呐、皮影戏，以及历史遗迹和传说等都可以开发。例如，位于荆县北部的五道峡旅游景区是春秋楚国卞和得"和氏璧"玉璞的地方。当地就是把"和氏璧"文化与旅游相结合，取得较好的效果。

五、农村公共文化服务的保障机制

（一）组织保障

在有上级政策支持和良好的大环境背景下，地方公共服务的推进和落实的快慢、虚实、好坏就取决于地方政府的重视和组织保障情况。政策要求是"建立党委统一领导、党政齐抓共管、相关部门分工负责、社会力量积极参与"的工作体制和工作格局。以农村和基层为重点，制定统筹城乡文化发展的相关规划、政策、措施。但是，在许多县市和乡镇，常常会出现领导干部对农村文化建设不够重视，认为文化工作只能捧捧场、造造势，不能创造经济价值，可搞可不搞，说起来重要，忙起来不要的现象。从荆县的经验看，县文体局是文化建设的直接推动者，该部门的一项最重要工作就是扩大宣传，提高干部对文化工作重要性必要性的认识，加强沟通，取得县乡各级主要领导者的重视和支持，以此全面落实和推动农村公共文化建设和服务工作。加强宣传，提高认识，把文化工作与全县整体发展相结合，取得决策者的重视和支持是做好农村文化建设和服务工作的前提。

一是从加快全面建成小康社会步伐的高度认识文化工作的地位和作用。坚持"两手抓"，把抓好文化工作同加快全面建成小康社会步伐紧密结合起来，做大文化建设与经济建设同步发展。把文化工作同经济工作一起布置、一起落实、一起检查，使文化工作与经济工作相互促进、协调发展。这实际上是把文化与经济相捆绑，强调二者之间的相互促进关系，引起主要领导重视和支持。原来有个最通行的提法是"文化搭台，经贸唱戏"，地方政府主管可能直接追求的是招商引资、经济发展，但是在客观上也推动文化发展。现在，许多有见识的地方领导人也认同了文化对地方经济发展和地方形象提高的重要价值。最近，许多地方提出了文化与旅游相结合，大力发展文化旅游产业的新口号，实际上是一种对文化价值的新认识，也是一种文化经济双赢的创新。

二是以争创全国文明城市的高度来认识文化工作的地位和作用。争创全国文明城市的牌子对于地方领导具有较大的吸引力，因为这是一种超越于"经济老大"的新时期"高大上"的形象标志，也是一种独辟蹊径的地方工作路径。对一个山区贫困县来讲，经济发展上很难有引人注目的大作为，但是，完全可以在文化等方面有所建树，力拔头筹。近年来，荆县县委、县政府把抓好文化工作作为强化精神文明建设、提高全县文明水平的一个重要措施，强调大力加强农村文化阵地建设，开展丰富多彩的群众性文体活动，不断增加文明城市的含量，使荆县文明创建工作在获得"湖北省文明城市"的殊荣后奋力争创全国文明城市。

三是从提高人民群众生活质量的高度认识文化工作的地位和作用。县委、县政府顺应社会发展和群众生活水平提高后对文化服务的广泛需求，提出要把繁荣农村文化与最广大人民的根本利益联系在一起，像解决农民吃饭穿衣一样，解决他们的文化服务需求问题，实行既治贫又治愚，既要在物质上脱贫致富，又要在精神上脱贫致富的双轮驱动战略。例如，通过把文化工作列入乡镇工作考核体系，迫使基层领导和政府部门不得不重视文化工作。

2013 年襄阳市入选第二批国家公共文化服务体系示范区创建城市，进而对辖区内的县市区提出了相应的任务。这既是荆县的文化建设任务，也是机遇。襄阳市政府的统一安排，纳入地方政府考核体系，为地方政府重视公共文化建设提供了压力和动力。要求必须严格按照关于公共文化设施网络建设、服务供给、组织支撑、资金和人才技术保障措施、服务评估等六个方面内容，33 条标准抓好落实。

（二）经费保障机制

1. 政策要求

总体要求是把公共文化产品和服务项目、公益性文化活动纳入公共财政经常性支出预算。明确提出两"高"的标准，即公共财政对公共文化投入的增长幅度高于财政经常性支出增长幅度，公共文化支出占财政支出的比例稳步提高。

《国家"十二五"时期文化改革发展规划纲要》中的具体要求是：一

是设立农村文化建设专项资金；二是优先安排涉及广大人民群众切身利益的文化项目，重点保障基层公共文化机构正常运转和开展基本公共文化服务活动所需经费；三是依法保障公共文化设施用地；四是加强资金管理，提高资金使用效益；五是继续加强文化事业建设费的征收、管理、使用；六是增加文化遗产保护经费投入等。

2. 荆县加大投入的措施

近年来，受益于国家公共文化建设政策和省市的促进计划，中央和省财政不断加大了公共文化基础设施建设的投入，荆县的农村文化建设资金投入明显加大，直接推动了农村文化设施的焕然一新。

表4-3　近几年荆县公共文化事业财政投入情况表

年份	2004 年	2006 年	2008 年	2010 年	2012 年	2014 年
财政投入（万元）	192	226	514	819	980	2087

表4-4　2014年荆县文化事业公共财政支出细目（单位：元）

支出功能分类科目编码	科目名称	基本支出	项目支出	合计
20701	文化	4,237,327.00	8,942,673.00	13,180,000.00
2070101	行政运行	2,290,000.00	0.00	2,290,000.00
2070102	一般行政管理事务	0.00	320,000.00	320,000.00
2070104	图书馆	709,324.00	1,920,676.00	2,630,000.00
2070107	艺术表演团体	1,060,000.00	0.00	1,060,000.00
2070108	文化活动	437,163.00	862,837.00	1,300,000.00
2070109	群众文化	800,840.00	2,189,160.00	2,990,000.00
2070111	文化创作与保护		300,000.00	300,000.00
2070112	文化市场管理		50,000.00	50,000.00
2070199	其他文化支出		2,240,000.00	2,240,000.00
20702	文物	560,000.00		560,000.00
2070204	文物保护	20,000.00		20,000.00
2070205	博物馆		540,000.00	540,000.00

续表

20703	体育		450,000.00	450,000.00
2070307	体育场馆		300,000.00	300,000.00
2070308	群众体育		100,000.00	100,000.00
2070399	其他体育支出		50,000.00	50,000.00
20704	广播影视		6,410,000.00	6,410,000.00
2070406	电影		30,000.00	30,000.00
2070199	其他广播影视支出		6,380,000.00	6,380,000.00
20705	新闻出版		270,000.00	270,000.00
2070507	出版市场管理		30,000.00	30,000.00

近几年荆县政府明显加大了投入，尤其是专项经费的投入幅度大增，主要用来改善文化场馆等基础设施建设。其间荆县文化建设实施了四项重点工程：一是乡镇综合文化站建设工程，改造或者新建乡镇综合文化站11个（每个乡镇1个），中央投资80万元，省财政投资120万元，合计200万元；二是农村电影放映工程，2007年落实放映补贴28万元，2008年是46万元，并配置价值9万元的流动放映车1台；三是农民体育健身工程，国家和省市共扶持212套设备，价值318万元，县级自筹35万元扶持50个村的健身器材；四是文化信息资源共享工程，2008年荆县获得省批复建县级支中心，省级配套68万元的设备。

荆县公共文化建设投入有以下特点：一是近几年公共文化建设的投入开始增多，增幅加大；二是中央和省级财政占较大比例，公共文化建设投入主要靠上级政府转移支付，贫困山区县级政府投入比例较小，国家在促进公共文化服务均等化方面占主导作用；三是文化基础设施投入占比较大，2003年文化基础设施建设投入占总投入的比例是34.7%，2005年占比是40.4%，2010年占比高达70%。

3. 困难与制约

一是文化事业经费增量不大。虽然近年来，各级财政对农村文化事业的投入在逐渐加大，尤其是文化基础设施建设投入增幅呈爆发式增长，但是真正的文化活动经费增幅还是不大。特别是乡镇综合文化站的投入经费比较低，每个乡镇每年才0.5万元。财政预算的"以钱养事"经费捉襟见肘，往往出现"养人"与"养事"的不可兼得——养事了就没有人员工资了，或者养人了又没有做事的钱了，部分乡镇的活动经费长期得不到落实。

二是服务运行成本较高。自然条件增加成本。荆县属于全山区县，自然村落分散，山高坡陡路远，使文化惠民工程实施的成本大大增加。比如，农村公益电影放映，像歇马镇电影队从镇上要到九路寨村放映一场电影，需要走6小时的山路，行程来回80公里，各类成本加起来至少需要200元，远远超过了省财政给予的每场电影的定额补贴（湖北农村公益电影每场补贴150元）。村级重视程度不够，增加了管理成本。有部分村干部对农村文化建设不够重视，认为文化工作不能创造经济价值，可搞可不搞，说起来重要，忙起来不要。对农村书屋的管理非常简单，要么管理不认真，制度不健全，没有安排专人管理，丢失损坏严重或者流失；要么就是锁门不开放，只是在检查时临时摆样子，有的还把公共文化设备变成干部家里的电器。需要不断增加开支但是作用却没有发挥。

三是多元投入机制还不健全。政府是主要的投资主体，扩大企业和社会的投资还需要一个过程。

4. 进一步完善投入机制

一是完善和落实文化经济政策。积极鼓励国有资本、社会资本参与兴办图书馆、博物馆、文化馆等公共文化设施。放宽文化事业准入标准，推行重大公益性文化项目和活动的公开招标制度。鼓励社会组织、机构和个人捐赠、兴办公益性文化事业。鼓励农民自办文化，引导各类市场主体开发农村文化市场。对支持文化事业和文化产业发展的经济政策进行修订或者延续。农村更需要大力发展文化产业，为农村文化事业发展提供有力的物质支撑，因而更需要在财政、税收、金融、用地等方面加大对农村文化产业的政策扶持力度，对文化内容创意生产、非物质文化遗产项目经营实行更优惠的税收。落实公益性文化单位消耗水、电、气的价格优惠标准政策。落实从住房开发投资中提取1%用于社区公共文化设施的政策。完善文化市场准入政策，为非公有制文化企业健康发展提供良好的政策环境。以城市低收入群体和基层农村群众为重点，采取多种形式的文化消费补贴政策，形成良好的文化消费预期，增强城乡居民文化消费能力。引导文化企业投资兴建更多适合农村群众需求的文化消费场所。

二是在保障政府基础性投入前提下构建多元文化筹资机制。多渠道筹集社会资金参与文化事业建设，逐步形成以政府投入为主、社会投入为补充、全社会积极支持的乡村文化事业建设格局。推进投资主体多元化、融资渠道社会化和项目建设市场化，构建多种所有制经济共同参与的文化产业发展格局。尤其需要通过制度创新，实施减免税收、降低利息等各类激励政策有效增加其他市场主体对农村公共文化建设的投资热情。从实际情况看。企业的投资主要瞄准了旅游文化产业，在旅游的基础投资基本到位，旅游逐步扩大的时候，相关文化的投入就会开始并加大，在旅游中加大民俗文化、地方传统艺术展示力度，已经是一些旅游发达地方的成熟经验，在此方面，荆县的旅游文化发展已经快速起步，开始在名胜古迹、山水资源开发的基础上增加了文化内容。对于扩大群众和民间组织的投入，还是要利用传统文化习俗，为什么许多群众愿意捐资修庙而对建文化设施不感兴趣呢？这里有传统风俗和群众心理的影响。应该发展一些传统组织，为文化投入提供载体，如荆县一些村由德高望重的前辈组成的农村红白理事会，在老百姓心目很有地位，也容易在民间融资。另外，先富起来的人捐资办文化也是一种善举，要大力宣传和表扬。

三是鼓励学校、机关、企业免费对外开放文化基础设施，实现资源共享。

（三）文化管理体制保障

1. 深化文化事业单位改革

一是要建立健全法人治理结构，建立权责清晰、分类科学、机制灵活、监管有力的文化事业单位管理制度。二是加快政府文化部门的职能转变，强化地方文化部门的市场监管和公共服务等职能，进一步理顺文化行政管理部门与文化企事业单位、市场中介组织的关系，真正实现由"举办文化"向"服务文化"转变。三是要全面推进文化部门的人事、收入分配和社会保障制度改革，加强绩效评估考核，推动形成责任明确、行为规范、富有效率、服务优良的公共文化服务运行机制。四是建立公共文化服务专家咨询制度。并把公共文化服务内容纳入干部培训计划和当地党校、行政学院、干部学院教学体系。

2. 完善文化市场综合执法体系

进一步完善文化市场综合执法改革，促进农村文化健康发展。建立健全文化资本、文化企业、文化产品市场准入和退出机制，提高文化市场管理科学化水平。

3. 建立文化督导评价机制

文化建设容易成为地方基层公共服务中的薄弱环节，需要加强督导和评价机制。文化主管部门需要综合运用政策引导、评估和绩效考核、问责处罚和表彰奖励等手段，把农村文化建设的成果纳入到当地政府和文化服务部门的考核评估中去，通过有效机制推动基层对公共文化服务事务的重视和职能落实。更需要发挥群众参与积极性，可以推行"群众评价制度"，乡镇（街道）、村（社区）要聘请若干名热心于农村文化工作的群众担任监督员和评估员，对区域内文化阵地的建设、使用和活动开展情况进行日常监督，政府购买的文化服务也需要他们的签字认可，靠服务对象来督导基层文化服务主体的服务质量。

六、总结和启示

（一）公共文化均等化的推进要坚持政府主导与群众主体地位相结合

一方面，政府主导的公共文化推进模式对改变落后地区的公共文化状况具有显著的功效。从荆县的公共文化发展情况看，通过短短的几年时间，就基本达到国家公共文化示范区的县级标准，对于一个贫困山区县来讲，非常难得，可谓成效卓著。主要原因应该得益于 2008 年能够进入湖北省文化建设的重点示范行列，得到了国家和省市政策的倾斜。因为这些基础设施新修、改建、扩建的大量资金主要来自国家和省的专项资助。如果主要靠县级财政，是无法支撑的。

另一方面，必须坚持群众的主体地位。公共文化归根结底是人民的文化，生产者和消费者的主体都应该是地方群众。政府主要通过支持、引导、培训和奖励的等外在机制，激发农民的内在需求和动力，推动农村文化发展。组织策划农村文体活动，都应坚持发动农民、依靠农民，靠农民的智慧和力量来办好农村的事情，坚持农民自办、自治、自享。

（二）坚持公共文化服务内容上标准化要求与丰富多彩的地方特色相结合

一方面，要坚持推进"文化惠民工程"，按照基本的标准模块内容"送文化"，实现公共文化的标准化和均等化。例如湖北的"文化惠民六项工程"——广播电视村村通工程、文化信息资源共享工程、农村电影放映工程、农家书屋建设工程、数字图书馆建设工程、市州重大公共文化工程等，内容体系完整，标准明确，具有较强的针对性和可操作性。

另一方面，还要坚持突出地方特色，尊重群众的基本文化权益，尊重和发挥地方群众的创造性，满足多样性的需求。因地制宜，文化服务与地方经济发展和群众生产生活相结合，根据农民生产生活特点进行管理和运行，开展群众喜闻乐见的丰富多彩的文化活动。

（三）坚持公共文化服务供给方式的政府与市场相结合

一方面，在体制内部门（党政部门、事业单位等），坚持以职能部门为依托。以青年妇女为骨干，以服务中心为立足点，广泛开展集镇文化、企业文化、校园文化、村组文化和场屋文化，把大部分县直、乡镇直单位和部分村组都搅动起来，体现了参与的广泛性。

另一方面，推进社会力量参与公共文化产品的生产和供给，实现政府主导下的供给主体和供给方式多元化。放宽文化事业准入标准，推行重大公益性文化项目和活动的公开招标制度。鼓励社会组织、机构和个人捐赠、兴办公益性文化事业。鼓励农民自办文化，引导各类市场主体开发农村文化市场。面向市场，采取政府采购、项目补贴、定向资助、贷款贴息、税收减免等政策措施鼓励各类文化企业参与公共文化服务，实现政府主导下的供给主体和供给方式多元化。

（四）坚持农村文化服务工作队伍建设专兼结合

一方面，需要大力补充专业文化人才，稳定专业队伍。与教育卫生等公共服务部门相比，荆县专业文化人才明显缺少，文化部门缺文化人才，这是与全面建成小康社会不适应的。随着人民生活水平的提高，文化的需求将会大增，人才需求需要提前增加和培养。

另一方面，要加大农村民间文化人力资源开发。积极扶持乡镇（街道）村（社区）基层队伍，加强业余文化骨干、文化志愿者队伍建设。放宽对社会各类文化团体和公益组织的成立审批程序，积极鼓励和促进各种民间公益性组织的成立和发展，建立民间特殊人才关怀制度，探索民间特殊文化人才职称评定实施办法，培养一批乡土艺术家、民间艺术传人等特殊文化人才。要转变农民的观念，激发农村本土文化的自生和繁荣。

（五）坚持公共文化建设的文化功能与经济社会多项功能相结合

一方面，公共文化建设的首要功能是满足群众的精神文化需求和享受，提高群众的思想道德水平和科学文化素质，促进乡风文明等。

另一方面，还要重视和促进公共文化建设在促进新农村的经济、政治、社会等方面的功能发挥。往往是欠发达地区、山区、偏远地方，文化却可能具有原生态优势，可以为旅游发展助力，带动地方经济发展。还应该把农村公共文化建设和服务融入到农村社会建设中来，成为必不可少的目标和组成内容。农村公共文化也是中国传统文化保存和滋养的沃土，能够让我们记得住乡愁！

第五章 公共卫生服务的均等化

农村公共卫生服务的均等化涉及一系列具体的环节和内容。第一，是健全县乡公共卫生服务体系，即县—乡—村三级服务网络，尤其是乡镇卫生院体制的回归和农村卫生室的重建；第二，是建立和实施农村基本公共卫生服务项目，使农民享受到均等化的基本公共卫生服务；第三，就是积极推进和完善新型农村合作医疗制度，解决农民的看病和就医难题，保障农民的健康权益。荆县虽然是一个山区县，是经济欠发达县，但是，被选定为湖北省农村基本公共卫生服务项目试点县，因而在公共卫生服务均等化的进程中走在前列，具有典型意义。

一、荆县健全城乡公共卫生服务体系的实践进展与改革要求

加强农村公共卫生，推进均等化发展的基础性工程就是健全公共卫生服务体系。所谓健全农村医疗服务体系，就是加强农村县—乡—村三级卫生服务网络和卫生服务体系建设，建立以县级医院为龙头、以乡镇卫生院为骨干、以村卫生室为基础的农村医疗卫生服务体系。

（一）三级体系建设

1. 全县公共卫生管理和县城龙头医疗服务平台建设

首先，建立了农村基本公共卫生管理机构。荆县共有6家县级卫生医疗单位，根据实施基本公共卫生服务项目的需要，在县上建立了卫生局牵头管理，三家单位联合组成的基本公共卫生服务平台，即县疾控中心、妇

幼保健院和卫生监督局。在几家医院都成立了公共卫生科。县卫生局是全县的公共卫生领导单位和指挥单位。

其次，加强了县直几家大的医疗单位的公共服务职能和服务能力，抓好了全县的龙头建设。荆县公立大型医院主要有县人民医院、县中医院（惠民医院）和县妇幼保健院等 6 家。加强县直医疗单位的建设，不仅是提升全县医疗卫生最高水平的表现，也是间接提升乡村公共卫生服务水平的需要。因为，根据城乡一体化和均衡发展的需要，全县形成了以县人民医院、县中医院和县妇幼保健院为龙头的三个联合体，形成了联合委托关系，三个龙头医院的卫生资源要参与到全县乡村的公共卫生服务中去。近年来，县级主要医院的基本条件明显改善。例如，作为龙头的荆县人民医院是一所集医疗、预防、康复、保健、教学科研于一体的国家二级甲等综合性优秀医院。现有职工 462 人，专业技术人员 329 人，其中高级职称 22 人，中级职称 145 人，初级职称 162 人。开放床位 400 张，年门诊量 10 万余人次，年住院病人约 12000 人次，建筑面积 32943 平方米，拥有 CT、DR 等高科技设备 200 余台（件），设备总值 4000 余万元。荆县中医院也是国家"二级甲等"中医医院，近期加大建设投入。2011 年实施了门诊住院综合楼迁址新建项目。新大楼总建筑面积 15000 平方米，设置病床 350 张，总投资 6500 万元，在总投资中，中央投入 1900 万元，地方政府配套 700 万元，配套设施设备投入 3900 万元。医院整体服务能力大幅提升。

2. 乡镇卫生院建设

当前，荆县共有 14 家乡镇卫生院（其中 3 家是分院）。乡镇卫生院是农村三级医疗体系建设的骨干，不仅决定着农村基本公共卫生均等化状况和服务水平高低，也直接关系到农民医疗卫生服务的便捷、廉价和满意程度。推进公共卫生均等化的国家政策和大环境变化，使乡镇卫生院建设可谓柳暗花明。

一是乡镇卫生院的职能回归公共性，定位明确，投入也得到政策保障。乡镇卫生院主要承担三方面的职能：农村基本公共卫生服务职能、新农合基本医疗服务职能和乡村一体化管理职能。改革开放之后一段时间，在市场化大潮的推动下。荆县与全国许多地方一样，把乡村卫生院推向了市场，实行企业化经营模式，许多乡镇卫生院都变成个人承包或者民营性质，由于投入少、医疗资源紧缺、服务水平差等原因，多数卫生院生存困难。实行新型农村合作医疗制度以后，乡镇卫生院的发展迎来了新的春天，乡镇卫生院都重新回归公共性质，由县卫生局统一管理，发展势头良好。

二是基本医疗设施得到普遍改善。目前乡镇卫生院都改成中心卫生院，基本医疗设备一应俱全。宽敞明亮的门诊楼，进口 CR 机、进口彩色 B 超多普勒、多参数心电图机等新设备都有了，许多院里还增设了多个科室，实现了功能扩张。

三是加强县乡医疗交流和联通，提高了乡镇卫生院的服务水平和社会信任度。普遍建立了县乡定点联系和交流机制。县医院专家定期到乡镇卫生院坐诊、会诊，为卫生院医务人员授课，提高卫生院的服务水平和服务能力。以前乡镇卫生院里也就能看看感冒、肚子疼等小病，现在可以做一些常见手术，甚至治疗心血管病等大病。

3. 村卫生室建设

荆县全县有 257 个行政村，目前全县有农村卫生室 394 个，目标要求是每村至少建设一个符合"五化"标准的卫生室，大致建设 300 家左右。

实施农村基本公共卫生服务项目以来，变化最大的还是村卫生室。首先，统一建设一家指定承担基本公共卫生服务职能的卫生室，或者选择一家比较大的诊所。改变了原来私人卫生诊所普遍存在的状况，普遍加大了对村卫生室的基础设施建设力度。将村卫生室建设作为实施农村基本公共卫生服务的基础工程，由县乡两级政府提供建设资金，由驻点单位和村委会负责具体实施基础建设工作，确保每村至少建成一个标准化卫生室。并适当添加了村（社区）卫生室的医疗器械设备，包括一些康复、理疗设备。荆县先后多方筹资 1 亿多元，2011 年底已经有 70% 的村卫生室得到重新修建，面貌发生了重大变化。

表5－1　荆县医疗卫生资源基本情况变化统计表①

		2005年	2006年	2007年	2008年	2009年	2010年	2011年	2012年	2013年
医院和卫生院（个）		15	15	15	15	15	17	17	17	19
疾病预防控制中心（防疫站）（个）		1	1	1	1		1	1	1	1
妇幼保健院（个）		1	1	1	1	1	1	1	1	1
床位数（张）	医院床位数	532	586	586	701	787	989	1022	1069	1120
	卫生院床位数	208	288	288	383	428	542	542	545	545
卫生技术人员（人）		1032	1041	1048	1082	1090	1086	1210	1047	1156
其中	执业（助理）医师	318	322	330	341	342	344	356	402	416
	注册护士	210	214	216	219	221	252	266	398	410

（二）存在的新问题

1. 如何有效促进县乡村三级卫生服务资源的流动和均等化？

虽然乡村卫生资源的配置已经大大加强了，这方面变化最大，基本的服务体制已经建立，但是，现在薄弱的是人才、技术、服务和管理等方面，而且县、乡、村之间还有很大差距。县直医疗单位基础好，又在新农合看病和报销方面占有绝对优势，运转很好，不论政策性补贴还是市场化运作都占优势，县乡卫生单位人员也纳入体制内，有基本的保障。乡镇卫生院主要抓住了基本医疗住院服务和政策扶持这一块，运转也尚可。乡镇卫生院有三项基本职责：承担农村基本公共卫生服务、基本医疗服务和卫生一体化管理。卫生院的工作人员由县卫生计生行政主管部门和乡镇卫生院管理，人员经费由县财政差额补助。而村卫生室还是参差不齐，情况复杂，运行是公益化的，人员是社会化的，管理是半行政化的，村卫生室如何定位，如何实现与县乡密切联通是今后需要解决的体制问题。改革之初的体制设计是乡镇与村医疗卫生服务单位之间是分灶吃饭。村卫生室的设立、人员聘用和工作要求及经费等都是由县卫生计生行政主管部门直接管

---

① 材料来源：荆县国民经济统计年鉴。

理，按照国家有关政策规定安排施行，其职责是承担村级基本公共卫生服务和医疗服务，村医的收入主要来自基本卫生服务的以钱养事费用和不多的诊疗费。乡镇卫生院与村卫生室之间不存在隶属关系，只有基本的指导监督关系，除此之外并无其他关系。实际上是县卫生行政部门直接管理全县257个村，300多家村卫生室，任务量很大，也存在管理虚化的风险。

2. 什么样的公共卫生管理模式服务方式最适合山区农村？

当前，荆县对村卫生室的管理方式是政府采购补贴式，即通过基本公共卫生服务项目的各项补贴。条件好的村庄（如人口规模大）可以保证年收入二三万元，人口少的就难以实现，全靠政府补贴也不是好的办法。另一种管理模式是"集团化"经营，即全县根据几大龙头医院（如人民医院、中医院、妇幼保健院）分地域组合，把乡村卫生体系全部纳入。第三种是托管式，具有合同关系。三种模式各有利弊。山区县如何选择需要综合考虑。

3. 如何保障村卫生室的正常运转？

一是村医的收入难保障。原来的村医收入主要靠买药（占医生收入的90%左右），是典型的以药养医。现在，实行的是"购买政府服务"方式，村卫生室通过购买服务取得相应的补偿。要推行基本药物的零差价销售，村医的收入主要靠政策规定的各类服务费用和补贴，如人均基本公共卫生服务经费20元，公共卫生服务费补贴村卫生室1200元/年，许多行政村人口少，基本公共卫生服务经费一年就是1—2万元，加上1200元的补贴，如果按每个村卫生室2人算，每人一年就是1万多元。购买服务方式比较适用于人口较多的行政村，服务人口少的村卫生室收入就会少。二是技术水平和服务水平有限，顾客难留住。大多数乡村医生没有接受过正规的全日制学历教育，部分乡村医生年龄偏大，与广大农民群众日益增长的基本医疗需求和基本公共卫生服务任务要求不相适应。现在，多数患者对村医的信任度不高，动不动就要到乡里、县里住院看病，小病大医现象非常普遍。

4. 偏远山区自然村医疗点和民间医生是否要一律取缔？

按照医药卫生体制改革和卫生资源配置的要求，每个行政村要建立一个标准化的村卫生室，确立1—2名有资格的农村医生，统一集中到村卫生室行医。这种做法的目的是加强对乡村医生的规范化管理，提高标准化医疗卫生服务水平。但是，对于山区农村来说，会存在一些问题：如果因此一律撤除一些自然村的医疗点，取消其他未进入村卫生室"赤脚医生"的行医资格，禁止其行医行为，可能就会在一定程度上消减农民获得基本医疗卫生服务的便利性、成本廉价性。荆县是个全山区县，山大人稀，农民居住分散，有的行政村面积很大，分散为多个自然村组，如果仅靠一个标准化村卫生室提供基本公共卫生服务，很难有效满足分散居住农民的医疗服务需求，将给农民看病带来极大的不便。

（三）均等化目标下的进一步改革要求与趋势

1. 推进"村卫生室建设三年行动计划"

荆县所在的地区襄阳市在全市各县市区实行"村卫生室建设三年行动计划（2014—2016）"。工作目标是到2016年底对全市1115家和村医私宅设置在一起的村卫生室以及建设不达标的380家村卫生室进行迁建、重建或改建，原则上，每个村应有一所标准化的村卫生室。对人口较少、交通较为方便的村可实行村村联办；人口较多或者居住分散的村可酌情增设。新建成的村卫生室将实现"五化"：一是公有化，确保到2016年底全市村卫生室房屋产权100%公有化；二是标准化，按《湖北省村卫生室建设标准（试行）》（鄂卫发〔2007〕28号）执行；三是规范化，各县（市、区）要制定村卫生室管理的具体制度；四是信息化，确保到2015年底村卫生室信息系统联网率达100%；五是村卫生室一体化管理。荆县的具体目标是按照"五化"标准，2014—2016年三年期间分别新建或改扩建村卫生室54家、54家和53家，最后全部到位。对欠发达和薄弱地区公共卫生网络建设要给予优先扶持。继续加强农村卫生服务体系建设，深入开展农村卫生机构示范单位创建活动，加大乡镇卫生院标准化建设力度。以推进村卫生室标准化建设为重点，支持村卫生室房屋改造、基本设备配置和信息化设施建设。

2. 推进促进卫生资源合理流动、优化配置和合作共享

一种是组织安排的对口支援和交流制度。荆县推行县乡卫生资源交流，实行专家团队定期巡回指导机制。专家团队巡回指导是县卫生计生局在全县范围内开展的一项县直医院对口支援乡镇卫生院医疗业务的活动。从县直三家医疗机构中抽调 28 名内科、外科、妇科、儿科、护理、检验、放射专家组成四支工作队，深入所包保的乡镇卫生院，对相关业务工作进行巡回指导，以提高乡镇卫生院的基础医疗、护理质量、辅检能力。按需指导是专家团队巡回指导活动的一大特色。在定期巡回指导前，各单位上报业务需求计划，工作队联络员收集整理后交给各工作队对口专家，专家根据需求计划确定指导内容、形式，一月一次。这种具有针对性的按需指导收到了立竿见影的实效。例如，2014 年 5 月份，第四工作队根据城关、龙坪、寺坪卫生院的需要，将急诊急救工作确定为本月护理指导的重点，精心准备，为医院全体护士展示心肺复苏技能操作，并一对一、手把手地逐一指导，纠正部分护士手法错误、力度不够等问题，确保了护士急诊技能操作人人过关。据统计，2014 年 4 至 5 月，四支专家巡回指导工作队共收到需求计划 84 条，根据计划内容共设置培训 13 场次，培训医务人员 455 人次，参与查房 336 人次，开展病历文书书写点评 16 次，建立完善相关制度 28 项，开展各类技术操作规程的示范、示教 252 人次。

另一种是"托管共建"体制。例如，荆县的上级政府襄阳市开始在市区推行"社区卫生服务托管共建"机制，即推动大医院托管社区服务中心的工作模式，实行合作管理。通过托管，有利于实现大医院把先进的管理理念带进社区进行规范管理；有利于对社区卫生人员进行培训，促进向全科医师转变；有利于使用高端的医疗资源对社区进行技术支持，最终目的是探索有效解决乡村社区卫生服务中心人员严重缺乏、诊疗服务水平有限、居民对社区服务中心信任度较低，社区卫生服务总体供给能力不足等困境。通过托管机制进一步落实"小病到社区、大病到大医院，康复回社区的双向转诊"卫生医疗模式，进一步促进大医院与社区医疗机构间的

协作，使医疗资源得到充分合理利用，进一步为社区居民提供有效、安全、便捷而又经济的基本医疗服务和公共卫生服务，进一步缓解人民群众"就医难、看病贵"的问题。① 这种托管首先从城区开始，并逐步在县域推开，县内几家大医院分工分片对乡镇卫生院实行托管。

3. 建立县乡联动、乡村一体的基层医疗卫生服务新机制

一是乡村卫生服务一体化管理。所谓乡村卫生服务一体化管理，即将村级医疗机构的全面管理权纳入乡镇医疗机构管理范围之内，乡镇卫生院拥有对村级医疗机构的所有权，拥有在管理中起决定作用的财权、人事权、行政管理权、药品调配权等，其实质是乡镇卫生院由过去对村卫生室的单纯业务管理变为全面的管理，村卫生室变成乡镇卫生院的分支机构。乡镇卫生院和村卫生室普遍推行行政、人员、业务、财务、药品等方面的一体化管理，实现以乡带村，以村促乡，乡村一体，共同发展。在一体化模式下，对社区卫生服务站进行统一规划建设，服务站人员由原村卫生室的乡村医生经考核后担任。这些社区卫生服务站基本定位为乡镇卫生院（社区卫生服务中心）的派出机构，体制上实行"五统一"：统一药品管理与价格、统一财务管理、统一劳务分配、统一养老保障与退出机制、统一日常管理制度等。服务站医生实行"入伍不占编"制度，与乡镇卫生院签订劳动聘用合同，劳务报酬参照乡镇卫生院职工标准执行，养老保障则按照个体劳动者身份由乡镇卫生院统一办理。

据了解浙江省的湖州、嘉兴和湖北省的赤壁市已有部分乡镇开始实行乡村卫生服务一体化管理模式。例如，湖北省赤壁市将标准化村卫生室作为新农合定点医疗机构，实行"五统一管理"。乡镇卫生院对村卫生室的资产、人员、业务、药械、财务进行一体化管理；每个村卫生室聘用一名公共卫生服务人员，由市政府将其纳入以钱养事公益性岗位并购买服务；药品由乡镇卫生院代购、代收、代缴；所有的药物与乡镇卫生院一样按进

① 参见郝国庆：《基本公共服务均等化进程中的新问题与机制创新》，《湖北行政学院学报》2015年第5期。

价销售。为调动村医的积极性并保障村卫生室正常运转，建立了多渠道补偿机制——医疗服务收入补助机制、基本公共卫生服务补助机制、新农合基金购买服务补助机制、农村公益性服务以钱养事补助机制和农村户籍人口人平补助机制等多渠道补偿机制，确保了村卫生室服务人员的收入稳定和工作稳定。[①]

二是"集团化"运行模式。例如，湖北宜城市在全市推行三大区域性医疗集团。宜城市人民医院、中医院和妇幼保健院分别出资并购重组乡镇政府所在地的卫生院，由政府主办，并以此为基础，组建了以市直3家公立医疗卫生机构为主体医院、10家乡镇卫生院为成员医院、186个村卫生室为基础的三大医疗集团。三大医疗集团组建起来后，随之建立健全了对口支援制度、双向转诊制度、人才与技术双向交流制度、资源共享制度和公共卫生服务联动机制等，使之与集团运行机制相适应。为了确保医疗集团运行有序化、规范化，三大医疗集团相继建立了医疗集团法人治理结构，成立了集团理事会、监事会，实行理事会领导下的院长负责制。建立相对稳定的投入保障机制。首先是财政投入。按照"养事不养人"的原则，对实施基本药物制度的10家公立乡镇卫生院在职人员给予定额补助，人均2.4万元。养老、医疗等各种社会保险由政府兜底。对实施基本药物制度的186个村级卫生室的村医，按照当地村干部副职的补助标准，从财政预算中给予定额补偿。在对基本医疗和40%的基本公共卫生服务任务量进行综合考评补偿后，全市村医年平均收入可达2.8万元。其次是对口扶持。各集团主体医院分别对成员卫生院投入基础设施资金1000万元，同时支援了大量医疗设备，后续建设又投入了1000多万元。再就是三方联建。由政府、村委会、村医三方共同出资，使全市186个村级卫生室共获得投入860万元，既破解了村卫生室整建的资金难题，又明晰了产权和管理责任，确保了三级卫生服务网络体系的形成。[②]

---

① 湖北省卫生厅：《湖北省医改会议经验交流材料》2010年12月。
② 中共湖北省委组织部、中共湖北省委党校：《湖北科学发展案例选编》，湖北人民出版社2014年版，第307页。

4. 加大对村卫生室的政策倾斜

一是加大服务职能与相应补贴。在稳定和优化乡村医生队伍以及加强基层医疗卫生服务监管方面，国务院办公厅2013年2月印发《关于巩固完善基本药物制度和基层运行新机制的意见》指出："要明确村卫生室和乡镇卫生院的基本公共卫生服务任务分工和资金分配比例，原则上将40%左右的基本公共卫生服务任务交由村卫生室承担"。同时，要保障基本公共卫生服务经费，全面实施一般诊疗费，并发挥医保支付的补偿作用。要补加基本公共卫生服务专业机构的工作经费制度安排，保障管理者的业务培训、下基层指导工作等相关费用。

二是适当保留偏远山区自然村医疗点。鉴于荆县属于全山区县，山大人稀，行政村面积很大，农民居住分散的特殊性情况，仅靠一个村卫生室根本无法满足分散居住农民的医疗服务需求，因而，可以保留若干自然村的卫生点和乡村医生行医资格，适当增加公共卫生服务资源。

5. 加强项目管理，确保专款专用

在加强乡村公共卫生建设中，各级政府投资数额很大，既有资金使用安全又有工程建设质量安全等重要的问题。因而，必须加强和完善管理制度，要落实项目法人负责制、招标投标制、工程监理制、合同管理制，把好规划设计、建筑材料、工程施工等各个环节质量关，保障省级资金专款专用，杜绝挤占、挪用和截留现象发生。县乡政府是村卫生室建设的责任主体，需要加强组织领导，强化保障措施，加强综合督办，及时研究解决相关问题。还需要各有关部门协调配合，共同抓好乡村卫生院、卫生室的建设工作。

6. 实施民营医疗规范扶持计划

虽然现在的乡镇卫生院都收回"官办"，但是从长远来看，在区域卫生规划和医疗机构设置规划中，还应该给民营医疗机构的生存发展留出足够空间。虽然现在社会正在质疑所谓"莆田系"民营医院的暴利行为，但不能就此一票否决民营医疗机构存在的必要性。在加强资格审查和日常监管的前提下，允许和支持社会资本投资举办医疗机构和服务项目，不论是采取独资、合资，还是项目融资和医院合作等形式，只要遵守国家法律，达到标准皆可得到鼓励和保护。鼓励社会资本通过竞争或公开招标的方式举办高技术含量、高水平的综合性医院、中医医院和专科医院；积极鼓励社会资本大力发展中医诊所、护理院、老年病和慢性病医院等特色中间性医疗机构和医养一体化的服务机构；鼓励民营资本在乡村地区以及医疗资源相对薄弱的地区投资举办一定规模的综合医院；鼓励现有民营医疗机构大胆创新，将医院向"专、精、优"方向发展，不断提高竞争力。要努力为民营医疗机构的发展创造宽松的政策环境，进一步规范民营医疗机构管理，提高民营医疗机构服务能力和服务质量。

二、荆县实施农村基本公共卫生服务项目的做法与经验

（一）实施农村基本公共卫生服务项目的目的意义

实施农村基本公共卫生服务项目的目的就是促进基本农村公共卫生服务的均等化。这既是均等化的内容表现，也是实现均等化的保障。公共卫生包括许多方面的内容，但是，也有轻重缓急之分。根据我国得到实际情况，诸如人口多、财力有限、农村公共卫生不均衡问题突出、基层卫生服务薄弱等情况，公共卫生服务必须首先"保基本"，抓底线。因而，从2009 年开始，国家实施了主要针对农村居民的"基本公共卫生服务项目"。

实施基本公共卫生服务项目是体现农村公共卫生服务均等化的核心内容。基本公共卫生服务的内容是根据农村居民的健康需要和政府的财政承受能力确定的。该项目是我国公共卫生领域的一项长期制度安排，是我国政府针对当前居民存在的主要健康问题，以儿童、孕产妇、老年人、慢性疾病患者为重点人群，面向全体居民免费提供的最基本的公共卫生服务。

实施基本公共卫生服务项目也为推进均等化提供了保障，明确提出了公共卫生服务必须到位的要求和标准。例如，资金保障：开展服务项目所需资金主要由政府承担，城乡居民可直接受益。人均基本公共卫生服务经

费标准逐步从最初的每年 15 元提高 2013 年的 30 元，为促进了基层公共卫生均等化的发展提供了机遇。基本公共卫生服务项目自 2009 年启动以来，在城乡基层医疗卫生机构得到了普遍实施，取得了显著的成效。

（二）农村基本公共卫生服务的内容

2009 年卫生部制定了《国家基本公共卫生服务规范》，明确了农村基本公共卫生服务的基本内容。2011 年卫生部又组织专家对服务规范内容进行了修订和完善，形成了《国家基本公共卫生服务规范（2011 年版）》共 11 项内容，2013 年又新增了中医药服务，共 12 项内容：

1. 城乡居民健康档案管理。居民健康档案内容包括个人基本信息、健康体检、重点人群健康管理记录和其他医疗卫生服务记录。

2. 健康教育。健康教育主要对象是青少年、妇女、老年人、残疾人、0—6 岁儿童家长、农民工等。主要内容包括：开展高血压、糖尿病、冠心病、哮喘、乳腺癌和宫颈癌、结核病、肝炎、艾滋病、流感、手足口病和狂犬病、布病等重点疾病健康教育；倡导健康生活方式，开展基本健康知识和观念教育；开展食品安全、职业卫生、放射卫生、环境卫生、饮水卫生、计划生育、学校卫生等公共卫生问题健康教育等。

3. 预防接种。服务对象是辖区内 0—6 岁儿童和其他重点人群。服务内容一是预防接种管理，二是实施预防接种。

4. 0—6 岁儿童管理。服务对象是辖区内 0—6 岁儿童。服务内容包括新生儿家庭访视、新生儿满月健康管理、婴幼儿健康管理、学龄前儿童健康管理以及健康问题处理等。

5. 孕产妇健康管理。服务对象是辖区内居住的孕产妇。服务内容包括孕早期健康管理、孕中期健康管理、孕晚期健康管理、产后访视、产后 42 天健康检查等。

6. 老年人健康管理。服务对象是辖区内 65 岁及以上常住居民。服务内容是每年为老年人提供 1 次健康管理服务，包括生活方式和健康状况评估、体格检查、辅助检查和健康指导。

7. 高血压患者健康管理。服务对象是辖区内 35 岁及以上原发性高血压患者。服务内容：一是筛查高血压患者；二是随访评估，询问患者疾病情况和生活方式等；三是分类干预；四是健康体检，对原发性高血压患者，每年进行 1 次较全面的健康检查，

8．Ⅱ型糖尿病患者健康管理。服务对象是辖区内 35 岁及以上Ⅱ型糖尿病患者。服务内容：一是筛查Ⅱ型糖尿病患者；二是随访评估；三是分类干预；四是健康体检。

9．重性精神病患者健康管理。服务对象是辖区内诊断明确、在家居住的重性精神疾病患者。服务内容包括患者信息管理、随访评估、分类干预、健康体检等。

10．传染病及突发公共卫生事件报告和处理。服务对象是辖区内服务人口。服务内容：一是传染病疫情和突发公共卫生事件风险管理；二是传染病和突发公共卫生事件的发现、登记；三是传染病和突发公共卫生事件相关信息报告；四是传染病和突发公共卫生事件的处理；五是协助上级专业防治机构做好结核病和艾滋病患者的宣传、指导服务以及非住院病人的治疗管理工作。

11．卫生监督协管服务。服务内容：一是食品安全信息报告；二是职业卫生咨询指导；三是饮用水卫生安全巡查；四是学校卫生服务；五是非法行医和非法采供血信息报告等

12．中医药服务。要求对老年人健康状况进行中医体质分类，并根据不同体质给予中医药保健指导，可以有效改善其健康状况；通过对家长进行儿童中医饮食调养、起居生活等指导，传授常用穴位按揉、摩腹、捏脊等中医保健方法，可以改善儿童健康状况、促进儿童生长发育，更好地发挥中医药在维护健康、预防疾病中的作用

（三）有效实施基本公共卫生服务项目的创新做法

基本公共卫生服务项目自 2010 年 9 月启动以来，荆县按照项目工作要求，落实人员、精心部署，统筹安排，建立了较为完善的管理制度，探索了行之有效的实施办法，规范了公共卫生服务内容、丰富了服务形式，强化了服务职能，取得了显著进展。

通过制度性安排，保障了农村基本公共卫生服务的落实，投入明显加大，实现了对农村公共卫生服务的补救式输血。

表5-2　荆县近期农村基本公共卫生服务项目专项资金投入（万元）

	2012 年	2013 年	2014 年
中央投入	428	461	685
省级投入	85	106	102
县级投入	106.2	111.7	24
总数	619.2	678.7	811

到 2011 年 12 月底，全县累计为 16 万余城乡居民建立了健康档案，建档率达到 62.71%。0—6 岁儿童、孕产妇和 65 岁及以上老年人规范健康管理分别达 11918 人、2247 人和 17050 人，高血压、糖尿病患者健康管理人数分别达到 11652 人和 1531 人。

实行基本公共卫生服务项目是一件好事，必然受到农村群众和地方政府的欢迎，实施起来不会有大的阻力，但是实际上，具体的操作非常繁琐，要求又高，还要地方政府各级干部费力费神，并不是一件容易的工程。荆县能够顺利推进并取得较好的成就，可以归纳出若干经验和具体创新做法。

1. 创新做法

荆县在加快推进基本公共卫生服务项目过程中，推出了"五个结合"的创新做法。

一是项目与项目之间相结合。在建立居民健康档案过程中，对发现的传染病及时报告处置，对发现的 65 岁以上老年人、慢性病及重性精神病患者和妇女儿童等重点人群纳入规范管理。同时，通过老年人保健、妇女儿童保健、慢病防治的开展，大大提高了建档率和档案质量；在预防接种工作中，与儿童健康保健指导相结合；在进行健康教育时，与预防接种、传染病防治、儿童保健、孕产妇保健、老年人保健、慢病管理、重性精神病管理相结合，既提高工作质量，促进各项工作的开展，又增强健康教育的针对性和时效性。

二是项目与基本医疗相结合。按照基本公共卫生服务与基本医疗服务相结合的原则，在临床上强化公共卫生服务意识，坚持基本医疗与传染病报告和处置、健康档案建立、健康教育等基本公共卫生服务项目相结合；慢性病体检与随访相结合等多种方式，紧紧围绕基本公共卫生服务这个中心开展工作，形成全县"一盘棋"大卫生格局。

三是项目与卫生室服务能力提升相结合。按照自愿、互助、合作的方式，多方协调，全力组织，以政府引导投入、村委支持投入、乡医自主投入三方面相结合模式，全面实施卫生室能力提升项目，使村卫生室建设和基本公共卫生服务工作充分结合，为基本公共卫生服务的实施做好了充分保障。

四是项目与新农合管理相结合。在建立健全新农合管理制度的同时，充分融入基本公共卫生服务项目的实施和监督，在建立居民健康档案的同时与新农合体检建档相结合，开展新农合健康查体时进行入户服务或定期定点服务，进行健康体检或随访，提供健康咨询和健康指导。利用新农合报销环节对建立的居民健康档案审核把关，只要不符合建档要求的一律打回重建，充分保证了居民健康档案的数量及质量。

五是项目与实施基本药物制度相结合。利用实施基本药物制度后公共卫生经费补偿机制的变化，构建和完善以工作质量、群众满意度为核心的考核体系，确立了公共卫生服务利益导向机制，推动了基层医疗卫生服务工作由单一注重基本医疗，向基本公共卫生服务和基本医疗并重转型。在宣传基本药物制度的同时，大力加强基本公共卫生服务政策宣传，同步推进建立居民健康档案、健康教育、慢性病随访等基本公共卫生服务项目，扩大了基本公共卫生服务公众受益面。

2. 基本经验

一是完善组织，搭建项目工作体系。中国的改革和创新，首先需要领导重视和支持，然后建立领导机构和办事组织，才能正式启动改革。荆县在县委、县政府的重视和安排下，成立了由县卫生局和财政局联合组成的项目领导小组，明确工作职责，建立工作机制。各乡镇成立公共卫生项目办公室，县乡医疗单位把原来公共卫生防疫股、妇儿保健及部分办公室职能整合、重组，成立公共卫生科。同时，充分发挥疾控中心和妇幼保健院的职能，形成卫生局牵头，两家专业公共卫生机构参与的工作模式。

二是加强动员，扩大群众参与。实施一项新的工程，必须让工作和服务对象——群众了解基本公共卫生服务项目的目的意义、主要内容、程序和要求等内容，才能主动配合，积极参与，保证工作的顺利进行。荆县公共卫生工作部门开展了多层次、多渠道、多途径的宣传，引导广大群众积极参与。其一是充分利用电视、广播、报纸和政府网站等公共媒体，办专栏、作专题、开专版，大力宣传基本公共卫生服务项目内容。仅一年多时间里，就在县电视台、《今日荆县》政府网站等公共媒体发布影像、图片、文字材料等200多次。其二是各基层卫生单位组建公共卫生服务队，走村入户，把发送宣传资料与随访、登记建立居民健康档案相结合。其三是以专家坐诊、定点义诊、开展健康咨询等形式进行复合宣传。全县共印制宣传资料19万余份，共制作标语、健康简报623多条（版），组织各类活动338次，健康咨询24883次。

三是加强对基层服务队伍的学习培训，提供技术保障。国家基本公共卫生服务工作涉及面广、工作难度大，为使基层卫生技术人员更全面、更准确地把握政策，掌握工作要求，必须提前培训专业队伍。采取了会议、讲座进修等多种形式开展培训工作，并组织了指导团队；组织参观学习，借鉴先进经验，开展交流学习，定期召开交流会，落实技术能力，研究适合荆县实际的工作模式；采取引、培、育相结合，着力引进卫生专业应届毕业生，实施人才工程。

四是完善设施，合理推进，确保工作有序展开。其一是更新技术设备。荆县政府每年配套200万元，为基层医疗单位配备电脑、打印机、办公桌等办公设备，统一档案柜、档案盒等存档设备，为服务工作开展打好物质基础。其二是选好带头人和示范点。充分利用城区两个社区卫生服务站人力资源丰富、居民相对集中的特点，率先开展工作，采取多种形式的社区卫生服务方式，并下乡示范。其三是充分发挥乡村医生熟悉当地人口信息、服务场所固定、与居民交流畅通的特点，提高基层服务网络的质量，为各项卫生工作的深入开展提供良好的基础。

五是加强督导，开展质控，保障实施的实效。制定了基本公共卫生服务项目考核办法，建立了逐级考核评估机制，并实行季度督导、半年考核，并以此结果作为核拨基本公共卫生服务补助经费的基本依据。

（四）需要进一步完善的措施

目前荆县基本公共卫生服务项目工作进展还不平衡，"重进度、轻质量""重医疗、轻预防""重效益、轻公益"的现象不同程度地存在，人员素质和力量配置不尽合理，服务能力有待提高，管理水平还需加强。

一是进一步规范健康档案管理。保证健康档案的真实性，消除弄虚作假不负责任填写问题，同时提高健康档案使用率，并进一步尝试推行个人健康信息卡，实现信息上网，切实发挥健康档案在疾病控制和人群健康管理中的作用。

二是切实落实项目服务规范。很多农村医生为了完成任务填表格走形式，并没有深入细致地进行走访调查了解工作。因而，下一步需要严格按照国家规定的项目记录表格和项目程序组织实施。用《重点人群服务手册》规范基本公共卫生服务项目管理。

三是科学划分基层医疗卫生机构工作职责。制订方案，细化措施，将适宜社区、乡村开展的基本公共卫生服务全部下沉，交由基层医疗卫生机构承担。

四是全面提升基层服务能力和水平。进一步组建和优化基层专业卫生服务队伍，培养适合农村卫生服务需要的乡村医生和卫生服务人员等人才队伍建设，切实提高基层人员服务能力和水平。

五是加快推进专业公共卫生技术向基层下沉。县市中心医院不仅要承担对基层医疗卫生机构的业务指导、人员培训等职责，而且还应建立与乡村基层医疗卫生机构分工明确、功能互补、信息互通、资源共享的上下联通机制，实现防治结合。

六是注重实效，强化服务质量，避免单纯追求服务数量。有的基层采取了"一线串六珠"方法，值得推广，即用信息化建设这条线把居民健康档案建立和管理、重点人群规范管理、新农合管理、医院管理、妇幼保健、预防接种等六个系统串通对接，实行互联互通和信息共享。

七是卫生主管部门要加强督导，开展项目绩效考核。督导考核的重点内容要放在项目组织管理、制度建设、资金管理以及提供服务的数量、质量和居民满意度等方面。

八是实行服务政策、基本公共卫生服务内容、服务项目以及开展情况等方面的信息公开。提高工作透明度和可信度，便于社会各界和当地居民实施监督。

三、荆县健全农村基本医疗保障制度的实施状况与完善建议

（一）"新农合"的实施及其成就

"新农合"是新型农村合作医疗的简称，是针对农民实施的有中国特色的医疗互助共济制度。"新农合"从2003年起在全国部分县（市）试点，到2010年逐步实现基本覆盖全国农村居民。合作医疗在保障农民获得基本卫生服务、缓解农民因病致贫和因病返贫方面发挥了重要的作用，其实质是社会保障的内容，但是，因与公共卫生一起由卫生部门负责实施，故被放在公共卫生框架里。

2014年湖北省新农合参合率保持在99%以上，参合农民人均筹资水平达到390元，年筹资总额达到150亿元，住院政策范围内费用平均补偿比例稳定在75%以上，实际补偿比例在58%以上，门诊统筹补偿比例在50%以上，22种重大疾病实际补偿不低于70%，20种门诊重症补偿比例不低于60%。

荆县是湖北省首批新农合试点单位，从2005年就开始推行新农合基本医疗保障制度，参合率已经稳定在99%以上，县乡看病报销比例大约

85%左右，资金运转正常，没有多少沉淀资金，同时又要保障资金安全，不能超支，每年结余2%左右，运行合理正常。新农合实施以来，实现了几个方面的明显变化和进步。

1. 实现了医疗卫生体制的重新转型

即由原来的市场化、民营化向公立公办回归，由原来的保运转、包吃饭实现了向公益性服务转变。之前，地方医疗改革的主要趋势就是市场化、民营化，县直医院的企业化营利色彩越来越鲜明，乡镇医院基本都实行了承包经营或者民营化改制，村卫生诊所则完全个体化。县—乡—村三级医疗机构基本上都是企业化经营，虽然县级医院还是公办，但也是以营利为主，想方设法多收费、多创收。市场化改革模式选择是时代的产物，时间区间大致在20世纪90年代初期至2005年之间。从历史发展角度看，有其选择的必然性和积极意义：通过改革，打破了传统的僵化体制，促进了竞争，减轻了地方政府负担，也推动了医疗卫生单位的内部改革，加强了管理，社会总体的医疗服务水平和服务能力得到了快速提升，等等。但是，从后来的实际情况看，各单位运转情况参差不齐，好坏皆有，评价也不一。从山区县情况看，医疗单位不多，竞争范围小，实际上无法发挥市场化的优势，在整体医疗资源增长的同时，加重了农民个人的负担，有些医院的医疗风气也搞坏了，想办法以药养医，造成"看病贵"问题。新农合的实施为县乡卫生的发展带来了春天，提供了新的生机，也使基层医疗卫生单位回归了正确定位——关注民生，以人为本，在医疗卫生方面实现城乡基本公共服务均等化。

2. 加大了卫生事业发展的基础设施建设

荆县的11个乡镇卫生院得到极大改善，200多家村卫生室得到重新建设，全县乡村的医疗卫生面貌焕然一新。几年时间了共增添了2000多台件设备，在县医院，DR、核磁共振等先进医疗设备也得到添加。加强了卫生信息化建设。实施了电子病历、居民电子档案和合作医疗三位一体的"一卡通"，合作医疗一卡结算。荆县的卫生信息化建设走到全国前列。

3. 实施了基本药物制度

实施基本药物制度是新农合和医改的重要内容，它既有利于纠正医院的"以药养医"的不良医风，也进一步提高了报销比例和减轻了农民负担。中共中央、国务院《关于深化医药卫生体制改革的意见》明确指出："基本药物全部纳入基本医疗保障药物报销目录，报销比例明显高于非基本药物"。2009 年荆县成为湖北省实施国家基本药物制度试点县，从 2010 年 1 月 31 日起，全县 14 家乡镇卫生院（含 3 家分院）和 2 家社区卫生服务站开始使用国家基本药物，按不高于省中标（挂网）价格实行零差率销售。荆县已将基本药物在新农合报销比例中提高了 5 个百分点。荆县卫生局就集中精力，重点从督办、调研、询价三方面着手，指导各基层医疗机构推进国家基本药物制度规范运行。结合各基层医疗机构反馈的意见和建议，发文通知各基层医疗机构在原选定配送企业的基础上增补 1—2 家，以增加竞争力，降低企业配送成本，确保药品价格真正得到降低，确保群众真正得到实惠。询价小组以全省挂网价为红线，以 2009 年各基层医疗机构药品采购价格为基础，以荆县确定的六家药品配送企业所报药品最低价格为准绳，制定出荆县勾选的 298 个品种 527 个品规基本药物指导价格，要求各基层医疗机构严格按照全县指导价实施药品采购。2012 年全县 14 个乡镇卫生院、299 家村卫生室已全部实施了国家基本药物零差率销售，全县药品价格平均下降 50%，门诊次均费用下降 31.45%，住院例均费用下降 17.57%，群众医疗负担得到进一步减轻。

（二）存在的新问题

1. 基础设施建设投入上存在不均衡

荆县全县的公共投入不断加大，城乡之间的总体差距在缩小，但是县内部的县—乡—村三级之间仍然存在不均衡。投入较大、改善最明显的是乡镇卫生院，在基础设施建设和医疗器械等投入方面很大，可谓旧貌换新颜，重新焕发生机。而村卫生室建设相对滞后，虽然目标是每村建设一所标准村卫生室，面积标准是三室一房，但是许多地方没达标，有的没通网络。尤其是医疗设备还远远不能满足农民看病需要，甚至有的地方村医看病仍然是依赖血压计、听诊器、体温表等传统设备做辅助检查，主要医疗设备就是辅助治疗的注射器、剪子、止血钳之类的医疗器械。

2．基本药物配送率低

国家实行基本药物制度主要目的是缓解群众"看病贵"的问题。实行网上采购后，配送企业受利益驱动，总是想办法提高利润，如没有利润的药品不配送、采购量少的不配送、基本药物招标价格低的不配送，而其供药商还将基本药物改头换面提高价格，导致医院基本药物配送率不高。一些地方的乡镇卫生院、村卫生室配备保证基本医疗的基本药物目录有400多种，但实际配送率达不到80%。主要缺少儿科、妇科、急诊药物等品种，村卫生室使用的基本药品达不到国家公布基本药物目录的50%，不能满足患者的要求。①

3．医患之间存在信息不对称

一方面价格公示没有随着基本药物品种的调整更替及时更新，药价高低贵贱患者并不了解；另一方面患者还不能够自主选择和监督药品是否是物美价廉、是否最适合自己的病情。一般都是医生开什么药就用什么药，医生说该怎么检查就怎么检查，患者处于完全被动状态。群众消费雾里看花。

4．基层医疗人才匮乏

乡镇卫生院虽然变化进步很快，但是医疗卫生人员整体医疗素质还是不高。村卫生室的医生素质更是参差不齐，有的年龄老化，专业知识不扎实。有的村医为了增加收入，以西药为主，并且不断地加大剂量，人们就戏称村医为"吊瓶医生"。同时，由于老无所养，老医生退不了，年轻医生进不来，并且由于待遇低也不愿进来。倒金字塔式的医疗人才配备，致使基层医疗人员不能满足正常需求。

5．报销制度造成了普遍性的"小病大看"浪费

新农合基金门诊费用和住院费用报销差额明显，引发凡看病就住院的

① 参见田雪梅、刘国庆、梁修全：《山区县乡镇卫生体系建设调查》，《中国乡村发现》2015年第1期。

行为选择，导致"小病大看"普遍现象。例如，按照新农合报销制度规定，村卫生室每人每天门诊费用报销封顶线为 14 元，乡镇卫生院为 22元，住院医疗费补偿起付线标准为 200 元，超过起付线后医疗费用的补偿比例为 85%。住院医疗费用在起付线以下时由个人负担。这样的规定必然引导农民不论大病小病都要选择住院治疗方式，而且会选择相对医疗水平较高、安全性高的医院治疗。这样促使患者被迫向上流动，基层村卫生室就诊病人少，引发普遍性的"小病大看"问题，形成机制性浪费。

6. 乡村之间卫生资源无法流动

按照最初的体制设计，乡镇卫生院由县财政差额拨款保障运转，靠诊疗费和服务费贴补经费差额。村卫生室靠收取诊疗费和基本公共卫生购买服务费用维持生存。如果乡村之间没有实现一体化，那么乡镇卫生院和村卫生室之间就存在利益壁垒，卫生资源无法上下流动，无法下乡入村，病人无法享受在"家门口"就能看好病的便利服务。

（三）完善农村基本医疗保障制度的若干对策思路

上述问题的本质是在多方化利益博弈中如何最大限度地保障群众的利益，以及应该建立怎样的科学有效的制度和机制。新农合的建立，根本目的是提高群众的受益程度。面对这块唐僧肉，医院想追求利益最大化，各类药具商要从中渔利，这从利益主体的先天本性看无可厚非。关键是要通过科学合理的制度和机制协调好各方利益，并最大限度地保护患者的利益。

但是，在实际运行中，或者说利益博弈中，往往是患者（群众）处在最弱势一方。乡镇医院受利益驱动，同时受体制性影响（医生基本工资已保障，基本药物零差价，规避医疗风险等），乡镇医院收住了一些患常见病的人群，常用方法就是输液，部分患者因为缺乏相关医疗知识，也往往一有问题就去医院输液，专挑贵的抗生素。药具供应商为了赚取高额利润，少供应基本药物，有的改头换面提价，软性"绑架"医生和患者，促高消费。而患者群众缺乏知情权和参与权，也没有得到科学的宣传教育，基本上处在被牵着鼻子走的被动状态，国家制度安排的惠民利益部分被截流。因而，这项本质在于惠民的政策还需要科学合理的机制保障，需要完善许多具体的环节内容。

1. 深化医保支付制度改革。可以建立医保基金跟随病人制度，积极建立全国联网的异地就医即时结算机制，使医疗机构有更大动力去提高质量和全面竞争，使患者有更多的自主选择空间，获得个性化医疗服务方案，最终实现有针对性的治疗。① 按照湖北的要求，县级医院按单病种付费病种数要达到 80 种。湖北省正在全面推行全省异地就医医保即时结算工作，积极探索建立跨市异地就医即时结算机制。另外，逐步提高政府补助水平，适当增加农民个人缴费金额，不断扩大受益面，提高受益水平。

2. 改善服务方式，落实好便民、利民、惠民措施。形成省—市（州）—县三级管理经办体系，并由县级管理经办机构向乡镇派驻审核人员，实施管理与服务相分离，提高新型农村合作医疗管理水平。在新农合报销比例、报销范围、报销程序上，调整补偿方案、提高重大疾病保障水平、推进支付方式改革、推广就医"一卡通"，基本实现参保人员统筹区域内医疗费用即时结报。规范医疗收费，及时查处不合理用药、用材和检查以及重复检查行为。

3. 积极推进组建医疗联合体，创新县—乡—村医疗一体化体制。探索多样的一体化新途径。可以采取松散型、紧密型和半紧密型联合，通过技术帮扶、军民共建和战略合作等形式，探索构筑以区域性医疗联合体为基础的新型医疗服务体系，提高医疗资源的总体配置效率和利用效率。在市—县医疗机构之间，甚至在县—乡—村三级医疗机构之间实行上挂下联，建立紧密型医疗联合体，实现在技术、人员、流程、信息等方面的城乡上下一体化，建立与基层医疗机构业务整合、分工协作的一体化机制。组织专家深入社区门诊坐诊和推行便民惠民措施，实行县乡两级卫生院医生定期去村（社区）卫生室坐诊制度。一般常见病、慢性病等患者在确诊病情、确定用药配比的前提下，能够回转村（社区）卫生室跟踪治疗，

---

① 黄清华：《保障基本医疗卫生服务需建立四项制度》，《医药经济报》2014 年 1 月 8 日。

费用等同住院报销，定会受到农民欢迎。适应现代生活条件和健康保健的需要，构建"预防、治疗、康复"三者相结合的医疗服务体系，提升整体医疗资源的利用效率。

4. 重视宣传教育，提高基层群众的合理用药知识和观念。卫生主管部门要加强对广大群众的健康知识教育，让广大老百姓懂得必备的医疗知识和健康观念，不要盲目崇医，过度治疗，要懂得如何爱护自己的健康，重视预防，防患于未然，树立正确的健康观。同时，让广大群众掌握相应的法律知识，懂得用法律来维护自身利益。

5. 加强医德培育和监督管理。一是强化乡村医生的合理用药意识。县级政府和主管部门要加强基层医护人员的知识培训，切实提高临床合理用药水平。二是树立医务人员的正确的利益观和信用观念，并用制度来保障医生对病人负责任，遵守职业道德，坚持病人健康服务至上。

6. 增加镇村卫生单位基本药物种类并确保配送率。确保基本药物公平可及、安全有效、合理使用，让乡镇、村医疗单位都能有群众所需药物。提高医治效果，满足群众需求，同时减轻患者负担。

四、荆县优化公共卫生服务方式的做法
（一）优化服务方式的重要意义

第一，优化服务方式是保障群众公平权益的组成内容之一。基本卫生服务权益的公平保障，不仅表现在公平拥有均等化的服务内容和服务条件，还表现在拥有均等化的优质服务水平。优化农村公共卫生的服务方式具有现实针对性和迫切性。为基层群众提供优质服务，不是为了让人民感恩戴德，而是国民应该享受的待遇，是改革成果的共享。而且还要坚持人民主体地位，加强服务公开，接受人民群众的监督，在服务中扩大群众参与，以人民的满意度来衡量政府及服务机构的服务质量。这是国家治理现代化的必然趋势。

第二，优化服务方式是提升和体现政府现代管理水平的需要。优质的服务方式既可以提升政府形象，也可以促进政府服务方式的创新，通过市

场化、社会化运行方式，在提高服务效率的同时改进政府管理模式，促进政府体制的现代化。

第三，优化服务方式是提高医疗卫生机构服务能力，减少矛盾冲突的必然要求。在公共卫生服务方面，各级政府加大了对农村的服务投入，医疗卫生机构的服务能力也在快速提升，群众得到的总体服务水平明显提高，从总体上提高了人民对政府的满意度和信任度，但是，目前的医患关系冲突不断，人民群众"看病难、看病贵"问题依然存在，医疗机构在公益性和盈利性方面还存在冲突，群众的利益保护还有待提高。因此，在坚持医疗惠民和保障群众基本健康权益的基础上，还要为群众提供更廉价、更便捷、更高效、更公开的基本医疗服务。

（二）优化服务方式的基本要求

优化服务方式提高服务水平的总体标准包括有"高效""廉价""公开""便捷""尊重"等，具体讲既有服务理念、服务精神和服务态度等软性条件，也有环境舒适、技术先进等硬件条件。从县级卫生服务情况看，主要应该做到以下几点：

一是要转变服务理念，提高服务素质。树立"以人为本"理念，坚持基本医疗卫生的公益性、社会性至上，正确处理好公益性和经营性的关系。县直医院要提高群众的满意度，乡村基层卫生院和卫生室必须以坚持履行好基本公共卫生服务为主要职责，并抓好医德医风建设。

二是要拓宽服务领域，优化服务流程。通过制度和机制有效推动基层医疗卫生机构转变服务模式，拓宽服务内容，适应居民需求和服务内容变化，主动服务、上门服务，开展慢性病管理、健康管理、巡回医疗等服务。开展医疗服务便民行动。围绕便捷、高效、舒适的要求，优化医疗机构诊疗服务流程，推行预约挂号系统。落实双向转诊制度，加强医患沟通，使广大患者花最少的时间、精力和金钱，享受到满意、优质和快捷的服务。

三是要提供现代服务技术。搭建信息共享平台，建立远程会诊系统，开展网上咨询、预约服务，实行"一卡通"。

四是完善投诉受理机制。建立以服务数量、服务质量和群众满意度为核心的绩效考核体系。推行"阳光医疗"，保障群众的知情权，完善投诉受理机制。

（三）优化公共卫生服务方式的做法

1. 加强管理，提高医护人员的服务素质

在当前县乡层面，科学的管理需要把现代与传统教育管理方式相结合，既要建章立制，又要发挥传统教育方式优势，才能综合提高医护人员的服务素质。例如，荆县妇幼保健院推行"五个一"服务群众，就是典型做法。

（1）一个充满爱心的党员服务岗。在门诊设立"党员服务岗"，要求党员干部敢于亮出党员身份，发挥先锋模范作用，做到对病人要充满爱心，对检查治疗要细心，对病人和群众提问解释要耐心，尤其是对工作要有责任心，坚持首诊（首问）负责制，对工作不推、不拖、不躲，全心全意为病人和来办事的群众提供优质服务。

（2）一个安全便民的停车场。对院内杂房、危房进行拆除，平整场地约200平方米，有效解决了就诊群众停车的问题。

（3）一个清洁舒适的住院环境。该院先后投入800多万元对业务综合楼进行改扩建，建有标准化的层流手术室，安装了中央空调和电梯，病房增设卫生间，全天候供应热水，并给每张病床配备了中央传呼系统和中心供氧系统。该院面貌焕然一新。

（4）一张合理的治疗用药处方。狠抓医德医风建设，医患双方签署《不收、不送"红包"协议书》，要求每位医生对病人要辨证施治，精心为病人制定治疗方案，切实减轻病人的医疗费用负担。

（5）一张诚信的住院费用清单。进一步健全医疗服务项目价格、药品价格公示制和住院费清单制，实行廉洁行医、诚信行医，提高收费透明度，自觉接受社会和群众监督。

本案例是当前县级公共卫生服务优化的较为普遍的实际做法，虽然并不完美，带有传统的宣传形式，但是，确实在进步，有好的实际效果，还体现了若干科学管理的原则，如通过党性教育与首诊负责制相结合来提升员工服务精神、通过药品价格公示制和药费清单来扩大和实现患者的知情权、通过附加优质服务提高满意度、借助科技手段提升服务效率等，说明城乡之间、发达和欠发达地区之间，可能受一些客观制约因素的影响导致服务能力和水平存在差异，但是，管理理念和机制建设不存在鸿沟，完全可以同步开展。

从长远制度建设上看，还需要借鉴各地的机制创新做法，加快实现人本化、精细化、便捷高效化的现代服务。如，积极开展创建"平安医院"活动，构建和谐医患关系；开展"医疗质量荆楚行"活动，加强医疗质量安全管理，规范医疗服务行为；实行"阳光医疗"，积极推进院务公开。医院推行住院一日清单、输液明白卡、协议处方、大型检查告知制度等措施。及时公开医疗信息、就诊流程、服务项目、医疗费用等多项内容，方便患者随时查询。例如，荆县人民医院开通了"院长网上直通车"，群众可直接登陆发表投诉意见和建议，让患者来院看病信得过。

2．创新服务技术，加快信息管理系统建设

2013 年，城关镇卫生院作为该县乡镇卫生院远程会诊工程试点，选取 3 个卫生室同步启动远程会诊系统。该系统启动后，患者不用转院就可以在本院与上级医疗机构专家进行远程会诊，为患者提供更多方便。村医可通过远程会诊平台，免费进行网上培训，收看学习视频，同步观看中国人民解放军总医院会诊大查房。同时，搭建远程医疗会诊平台后，实现了在电脑旁即可参加视频会议，既方便又快捷，更节约了大量的时间。

目前，荆县已经建立了新农合、公共卫生及区域电子病历三大数据中心，搭建了区域信息共享平台，县乡村三级医疗机构的信息管理系统与居民电子健康档案基本实现了互联互通，县域内门诊电子病历、门诊处方和住院电子病历等重要医疗就诊信息和公共卫生服务信息实现了共享，初步实现了"一卡通"。荆县成为"十二五"国家科技支撑计划"农村医疗卫生关键技术示范与研究"项目的第一示范县，并因此得以与中国人民解放军总医院建立远程会诊、远程培训伙伴关系。该县的疑难危重症患者可以随时申请与中国人民解放军总医院专家进行远程会诊，患者可以足不出县享受顶级的医疗卫生服务。据荆县卫生局负责人介绍，该县目前启动了以妇幼保健、药品管理、卫生资源管理、财务管理等为主要内容的二期平台建设，2014 年春节前将全面投入使用。

医疗机构通过建设卫生信息管理系统，大大提升门诊管理、收费管理、药房管理、住院管理、财务管理、医技管理、院长管理的规范化程度、质量和效率，不仅为患者提供了准确、完整的费用明细清单，做到了明明白白消费，并通过服务效率和水平的提高，减少了患病群众的候诊时间，使广大农民群众享受到快捷、方便的服务。

3. 创新服务方式

目前城关镇卫生院等医院正在推行家庭医生签约服务模式，随着卫生院及村卫生室信息化建设不断强化，逐步将家庭医生签约服务模式与信息化并轨，实现随访、体检、巡诊等服务内容第一时间与健康档案、电子病历同步，不断推进信息化与基本医疗、公共卫生服务相结合。在完善便民惠民服务上，大力推广预约式、自助式和一站式服务，优化就诊流程。多家县乡医院以强化服务为抓手，推行了一批见效快、易操作的改革措施。如电话预约、网上预约、便民服务热线等。在县直主要医院全面推广标准化"一站式服务中心"，在门诊大厅里设立自助挂号机、化验单自助提取机，为患者提供优质便捷的服务。

4. 缓解就医负担

荆县鼓励医疗单位实行了"先诊疗后付费"服务模式，为更多病人开通生命"绿色通道"，确保病人在第一时间得到安全有效治疗，切实维护群众的健康权益，医疗服务正回归其公益性的本质。

（四）完善服务考评体系

优化服务方式需要靠科学的制度和有效的机制，考评制度就是一种有效的检验、督促和保障机制。公共卫生考评的指标就是按照服务的内容和标准而具体化、量化和完整化。按照"高效""廉价""公开""便捷""尊重"的几个环节细化。建立以服务数量、服务质量和群众满意度为核心的绩效考核体系。同时建立镇—村（社区）卫生单位分工合作考核机制，将合作内容条目化、百分化，并与合作医疗基金拨付使用挂钩。

健全的服务考评体系，首先，要保障群众的监督权利。一是政务公开，明确服务的标准、服务项目、服务流程、医疗费用等多项内容；二是建立便捷的群众投诉受理渠道，如现场服务评价、院长电话、网上评议、行风监督投诉窗口等；三是把群众服务考评与服务人员奖惩直接联系。

其次，要强化管理监督责任。卫生和计划生育主管部门要负责完善管理制度，制定考核标准，落实责任制，有效监督医院，将合理用药的责任层层落实到乡镇卫生院科室、主任和医生个人身上。加大监控临床用药力度，处方点评管理，对出现超常处方的医生进行通报批评，并与个人及科室综合考核目标挂钩。

五、荆县健全公共卫生服务均等化的保障
（一）人才队伍保障
1. 荆县公共卫生队伍现状

目前，荆县全县共有11家乡镇卫生院、3家地名医院，核定事业编制402名（其中专业公共卫生人员编制49名），平均每家卫生院（医院）只有28.7个编制。乡镇卫生院开放病床612张，每千人拥有病床数2.17张。乡镇卫生人员中，大学本科学历的占8%，大学专科占53%，中专学历的占24%，高中及以下学历的占15%。乡村医生424人，平均每个村卫生室合1.4名村医。村医中大专及以上学历的42人，仅占9.9%；中专学历309人，占72.9%；高中及以下学历的73人，占17.2%。村医中60岁以上的73人，占17.2%；50—60岁的106人，占25%；30—50岁的224人，占52.8%；30岁以下21人，占5%。镇村医疗服务单位医务人员紧缺、医疗水平低、年龄老化等问题突出。

2. 加强人才队伍建设的基本措施

（1）积极引进大学生。从2008年以来，荆县成功引进170名大学生，服务山区卫生事业。为解决人才匮乏局面，荆县从招聘开始，开辟人才绿

色通道，引人才、用人才、留人才。在人才引进上，该县不惜重金，对符合条件的研究生，一次性给予 5 万元安家费；对符合条件的一本院校毕业学生一次性给予 1 万元安家费，每月给予 300 至 500 元住房补贴；对符合条件的二本院校毕业学生，安排到乡镇工作，一次性补贴 1 万元安家费。并将招录的高才生优先纳入培养对象，优先解决晋升问题。

（2）鼓励和引导多方人才到社区基层工作。为加强社区卫生人才队伍建设，除积极引进大中专学生外，还鼓励和引导大中型医院等机构的离退休的医疗卫生技术人员，利用技术专长，发挥余热，重新应聘到社区卫生服务机构工作。对这些聘用的技术人员，不论是大中专毕业生还是离退休人员，除了正常的工资待遇外，财政另给予适当补贴。社区卫生服务机构内部绩效工资分配要向承担临床一线任务的人员倾斜。鼓励乡镇按照有关规定设置特设岗位，招聘优秀的专业技术人才到社区卫生服务机构工作。

（3）加强培训和专业指导，提高技术水平。

（4）保障基本的收入待遇，留住人才。进一步落实乡村医生补偿政策，确保乡村医生年人均收入不低于 2.2 万元。

3．进一步加强人才队伍建设的要求

（1）人员编制应该根据山区情况灵活对待，适当放宽。按照省卫生部门的队伍编制要求，医护人员编制比例是服务人口的 1.4‰。按照荆县人口 29 万计算，乡镇医护人员名额应该是 404 人，但实际上有 446 人，超编 40 多人。如果按照平原县市情况，每个乡镇人口四五万人，乡镇卫生院医护人员配备大约 40 多人，这样运转起来最好，但是，荆县是全山区县，人口 29 万，11 个乡镇，平均每个乡镇 2.6 万人，实际上有 4 个乡镇人口 1 万左右，按照统一编制要求，乡镇卫生院只能有 14 人，根本无法运转，正常情况一个乡镇卫生院最少需要有医护人员 30 人。因而，建议对山区乡镇应该适当放宽标准，或者另外制定标准。

（2）加强对镇、村医务人员全科技术的培训。村卫生室需要的是基础性的全科医生，每个村卫生室能有 2 名左右村医是最理想的，这样有人值班，有人出诊。结合农村实际，应该重视和加强中医药服务，发挥民间中医的作用，建立以传帮带的机制，建立涵盖预防、保健、医疗、康复等功能的中医药服务体系。

（3）完善与落实基层卫生人才政策。实行委培制度，委托医学院校为农村基层医疗卫生机构培养医学卫生人才。鼓励基层医疗卫生技术人员参加各类医学类学历教育。对长期在城乡基层工作的人员在职称晋升、业务培训、工资待遇等方面给予倾斜的政策。对到乡镇卫生院工作的大学生和专业技术人员实行编制、住房等方面的专项倾斜政策。继续实施招聘执业（助理）医师到乡镇卫生院工作的项目。

（4）加强人才交流和对口帮扶机制。建立城市医疗卫生人员到基层轮岗制度和城市三级医院对口支援基层医院制度，进一步推进"三支一扶"支医工作，严格贯彻执行城市医生必须在农村累计服务1年，才有资格晋升主治医师或副主任医师职称的相关规定。

（5）加强基层卫生人员的岗位培训。根据村医的工作特点和经济条件，应该采取适宜的培训方式，做到学习和工作两不误：其一，以重点内容为主，每期结合实际情况选择一两个重点内容；其二，以短期为主，时间不宜过长，以免影响他们的工作和收入；其三，就近为主，以乡镇卫生院为基地，上级可派人下来讲课，这可让更多的村医有参加学习的机会；其四，采取"订单式"委培方式，定向为贫困地区培养人才。

（二）财政投入保障

1. 保障财政投入的政策要求

湖北省政府明确提出，要进一步落实各项卫生投入政策，建立科学稳定的卫生投入与增长机制，实现两个"确保"：即确保政府卫生投入增长速度不低于财政支出的增长幅度，确保政府卫生投入占财政支出的比重越来越大，公共卫生支出占卫生总费用的比例越来越高。湖北省卫生资源总量持续增加。2005—2009年，居民个人卫生支出占卫生总费用比例从52.2%下降到38.2%，政府卫生支出占卫生总费用比例从14.4%上升到27.2%。群众看病就医负担迅速减轻，居民对医疗卫生服务满意度不断提高。

同全省一样，荆县在公共卫生方面不断加大政府财政预算投入，增长率快速提高。

表5-3　荆县医疗卫生事业财政预算投入（不包括返还和基金）

年份	2008年	2009年	2010年	2011年	2012年	2013年
财政预算金额（亿元）	0.06	0.22	0.42	0.75	0.99	1.3
同比增长率		267%	91%	78.6%	32%	31.3%

2. 进一步的要求和趋势

首先，各级政府的预算投入比例需要进一步加大。据省卫生部门测算：每个村卫生室房屋建设需8—10万元，设备需投入1万元；村医工资每月600—800元。据此计算，湖北省近25000多个行政村（一村一卫生室），村卫生室的房屋建设费需要20—25亿元、医疗设备2.5亿元，村医工资按1人计算，一年的工资费用需要1.8—2.4亿元，另外，对承担预防、保健、疫情防控等公共卫生工作的村卫生室医生再按照国家有关标准给予每人每月100元补贴，一年大约需要公共卫生服务补助3000万元。目前，国家尚未建立稳定的乡、村两级卫生机构财政保障机制，村卫生室基础建设主要靠市、县、乡政府或村医自己掏钱。改革基层医疗卫生机构补偿机制，在不断增加财政投入的情况下，积极探索"收支两条线"管理、公共卫生和医疗保障总额预付等管理方式。

其次，积极推动社会力量参与办医。优化社会办医政策环境，适当放宽准入条件，加快推进医师多点执业、推动社会办医联系点和公立医院改制试点工作等重点任务。

六、总结和启示

（一）加快农村公共卫生服务均等化具有良好的基础和机遇

当前农村公共卫生服务的良好发展现状和趋势，既离不开一定的历史基础，更要归功于时代发展的大趋势和正确战略选择。

首先，需要尊重历史的基础。虽然，改革开放以来，城乡医疗卫生服务存在差距，尤其是农村力量薄弱，但是，中国的农村医疗卫生事业从建国以后就受到了高度重视，从 20 世纪 50 年代末期开始到 80 年代初期（1958—1984 年），中国政府在广大农村迅速建立了农村合作医疗制度，出现了"超常规"发展，虽然有历史的局限，条件和水平都不可能太高，但是对中国农村的医疗卫生面貌的历史性改变发挥了非常重要的作用，也让人们怀念和记忆犹新，这也为新农合的恢复重建打下了历史基础。

其次，当前县乡公共卫生服务的良好发展趋势，具备了良好的历史发展机遇和条件，必须要抓住并切实改革到位。机遇和条件之一是"城乡一体化"发展战略，为农村公共卫生服务均等化发展提供了坚实的政策保障。机遇和条件之二是改革开放三十多年的经济社会的快速发展，为农村卫生事业转型升级提供了可靠的财力支持。医疗卫生机构的补偿政策能够得到较好落实，个人支付能力也大大增强，居民健康保障水平普遍到进一步提高。机遇和条件之三是深化医药卫生体制改革的纵深推进，为农村卫生事业实现更好质量、更高水平的发展进一步明确了方向。机遇和条件之四是经济社会的逐步转型，为医疗卫生服务多层次、多样化提出了更高要求。我国目前正处于快速工业化、城市化、老龄化发展时期，2015 年底人均 GDP 将到 8000 美元左右，即将跨入初级发达国家门槛，社会由生存型向发展型转变。这个时期，不论生产方式还是生活方式都在迅速变革，人口流动不仅数量加大而且频率加快，由此带来的疾病类型更为复杂，疾病传播风险加大，医疗负担日趋加重，这些都对医疗卫生服务能力的提升、医疗资源的合理布局调整、服务方式转变以及保障制度建设提出了更急迫和更高的要求，必须在继续满足基本医疗卫生服务旺盛需求的同时，进一步适应多层次、多样化的服务新需求。机遇和条件之五是以"健康中国"号召和"健康促进"为核心的新的健康理念，为转变卫生发展方式提供了机遇和创新动力。新的健康卫生发展理念要求对医疗卫生发展的内容重点、制度安排、路径选择进行根本性转变，带动服务体系、管理体制、保障制度、运行机制、投入结构等制度性创新。

（二）农村基本公共卫生服务要坚持公益性原则，同时积极创新服务供给方式

在发展农村公共卫生服务中，应该遵循公益性原则，社会利益和服务至上。为农民群众提供基本医疗和公共卫生服务是县级医疗卫生机构、乡镇卫生院的主要职能。医药卫生体制改革要始终以人民群众的需求和满意为出发点和落脚点。

改革开放以来，传统农村的合作医疗体制解体，代之的是社会化、市场化运行，政府从中逐步抽身，把更多的精力和财力用来搞经济建设，在农村，看病吃药，成为个人的负担。市场化大潮推动医院的营利追求，在存在"干部公费医疗"和卫生服务的"双轨制"的情况下，普通群众就会面临"看病贵"的情况。农村情况更明显，越改革对农民看病越不利。许多地方"医改"中的第一次"转身"基本都是把乡镇卫生院全部由公办转为民办。第二次"转身"是2010年前后，由民办转为公办。第一次"转身"民营运行，弊端日渐突出，这说明改革环境还需要一个营造发展过程，改革者的认识在一定情形下带有局限性。只有不断认识客观规律，才能使思想不断接近真理。第二次"新医改"，坚持公益性，但是，也并不能否定市场化、多元化医疗卫生发展，不能完全回归传统计划经济的体制轨道。正确的选择应该是坚持基本卫生服务的公益性，明确政府的基本公共卫生服务职能，加大政府服务供给，同时，积极创新服务供给方式，实现多元化办医格局，在优化服务的同时，提高效率，减少浪费，实现让人民群众满意。农村的基本公共卫生服务的政府购买方式应该是正确的，只需要根据农村具体情况完善，保障村医基本待遇。农村的医疗卫生服务体系还需要具有开放性、灵活性和多样性。

（三）政府财政投入是保障医疗事业公益性的必要条件

综观整个"医改"形势，政府投入是促进基本公共卫生服务的重要保障。基层医疗卫生单位历史债务化解的压力大，按照公立医院改革的要求，需要各级财政的大力支持。地方政府在加大基层医疗卫生单位综合改革的投入的同时，还应多渠道化解基层医疗卫生单位的历史债务，完善投入机制，确保医改惠民政策不断推进。完善和加长加粗服务链条才能让群众得到更多实惠。

（四）合理划分农村医疗卫生机构的类型及职责，形成分工合作的科学体系

农村医疗卫生服务体系由县、乡、村三级医疗卫生机构组成。三个层级之间如何形成有机联合体，加强资源的流动和均衡发展是下一步各地改革创新的内容之一。许多地方在探索。湖北省宜城市组建了三大医疗集团的做法具有代表性和借鉴意义。实施县、乡、村一体化管理不断完善医疗服务链条，为实现双向转诊、支付方式改革、使病人合理有序分流、降低医疗费用、解决看病难看病贵问题等打下了坚实的基础。同时，还需要注意防止资源的分割和垄断，一定要坚持开放性和一体化基本原则。

第六章 社会保障公共服务的均等化

中国农村的社会保障制度长期残缺不全甚至缺失，是中国基本公共服务不均等化的突出问题。农村社会保障是农村基本公共服务均等化的重要组成内容，在促进城乡一体化和构建和谐社会的战略决策中具有十分重要的地位和意义。有学者精辟地概括到："假如我们能够明白农村社会保障问题的实质，我们就能找准解决中国诸多社会问题的切入点；假如我们能够重视农村的社会保障问题，我们就能消解中国诸多社会问题"。[①] 社会保障是社会发展的稳定器。通过社会保障能协调社会关系，维护社会稳定。社会保障也是劳动力再生产的保护器。十八大报告指出："要坚持全覆盖、保基本、多层次、可持续方针，以增强公平性、适应流动性、保证可持续性为重点，全面建成覆盖城乡居民的社会保障体系。"

社会保障在不同的国家和不同的时代有不同的内容体系。当前我国社会保障的主要内容：一是社会保险，按照我国劳动法的规定，社会保险项目分为养老保险、失业保险、医疗保险、工伤保险和生育保险；二是社会救济，是指国家和社会对生活在贫困线以下的低收入者或者遭受灾害的生活困难者提供无偿物质帮助的一种社会保障制度；三是社会福利，是指国家向老人、儿童、残疾人等社会中需要给予特殊关心的人群提供的必要的生活保障；四是优抚安置，是指国家对从事特殊工作者及其家属，如军人及其亲属予以优待、抚恤、安置的一项社会保障制度；五是社会互助，是指在政府鼓励和支持下，社会团体和社会成员自愿组织和参与的扶弱济困

---

① 程亚萍：《刍论健全完善我国农村社会保障制度》，《理论导刊》2014 年 4 月。

活动，社会互助主要形式包括工会、妇联等群众团体组织的群众性互助互济，民间公益事业团体组织的慈善救助，城乡居民自发组成的各种形式的互助组织等。

结合当前中国农村发展状况和荆县的实际情况，我们对县级农村社会保障的调研关注内容主要集中在社会救助、农村养老、留守儿童关爱等几个方面。

一、荆县农村社会救助服务均等化实践进展状况

据统计，荆县全县现有享受各类民政救助政策的对象约13.5万人，其中：城乡低保对象13659户26715人，农村五保对象2134人，重点优抚对象4069人，灾民、大病救助、城乡孤儿、精减退职等各类救助对象101791人。从2013年开始，荆县以创建社会救助示范县为依托，落实政策，加大投入，力争做到全县困难群体"贫有所助、孤有所养、军有所抚、病有所医"，社会救助公共服务得到重视和加强。

（一）建立和完善新型社会救助体系

新型社会救助体系的变化就是适应发展中的服务需求，拓展服务范围，提高服务标准，以便提供更优质的保障服务。为逐步建立健全新型社会救助体系，荆县先后建立并实施城乡居民最低生活保障、城乡医疗救助、农村五保供养、临时救助等社会救助制度，逐年加大财政投入，实现救助范围覆盖城乡、困难群众应保尽保的目标。

1. 实施城乡低保规范管理

荆县根据国家政策，制定出台了《关于进一步加强城乡低保规范管理工作方案》，跟进完善保障制度，实现动态管理下的应保尽保、应补尽补、应退尽退的低保规范化管理目标。截至2014年8月底，累计城镇低保5914人次，发放城市低保金1165万元，农村低保20803人次，发放农村低保金1895万元，取消城乡低保对象116户、243人，对98名对象的低保金进行了调整。

2. 扩大城乡医疗救助范围

一方面，继续以城乡低保对象、五保对象、重点困难优抚对象以及城乡低收入家庭等不同层次的困难群众为重点救助对象，扩大资助困难群体参保范围和救助标准。2014 年，共发放城乡医疗救助金 449 万元，惠及城乡困难群众 4984 人次，共资助特殊困难人员住院治疗 3925 人次。全县城市低保对象参保率、农村低保对象以及五保对象参合率达到 3 个"100%"。

另一方面，出台困难群众（重特大疾病）医疗救助实施办法。为进一步建立和完善城乡社会救助体系，有效减轻城乡困难群众医疗负担，根据民政部、财政部、卫生部、人力资源和社会保障部相关文件精神，荆县结合全县实际，制定出台了《荆县困难群众（重特大疾病）医疗救助实施办法》，并于 2014 年 6 月 1 日起正式实施。新的实施办法较 2010 年 1 月 1 日起实施的《荆县贫困群众医疗救助实施办法》，呈现出四个新的特点。一是进一步拓宽了救助方式。在资助城市低保对象参保、农村低保对象参合和对城镇"三无"对象、农村五保对象及慢性病患者实施门诊医疗救助基础上，明确提出对符合条件的救助对象实施普通住院医疗救助和重特大疾病医疗救助。二是进一步明确了救助病种。将心脏病、血液病、重度精神病等 16 种病种列入救助范围，进一步明确了血液病包含血小板减少性紫癜、血友病、慢性粒细胞白血病，明确急腹症包含急性胆囊炎、重症胆管炎、肝脾破裂、急性胃穿孔。同时，新增儿童脑瘫、I 型糖尿病、艾滋病机会感染等三个救助病种。三是进一步提高了救助标准。城乡低保对象中患病的"三无"对象、分散供养五保对象每人每年在定点医院可享受 300 元门诊医疗补助，补助标准较以往提高 100 元；国办社会福利院的"三无"对象、农村福利院集中供养的五保对象每人每年可享受 500 元门诊医疗补助，补助标准较以往提高 200 元；城乡低保对象、农村五保对象在定点医院治疗的，凭相关证件直接在医疗救助窗口办理医疗救助手续后，还可按个人实际负担医疗费用总额（医疗目录内）60% 的比例享受救助，在非定点医院住院治疗的，可按个人实际负担医疗费用总额

（医疗目录内）的 50% 比例享受救助，救助对象在定点和非定点医院治疗当年累计最高均可享受 8000 元救助，救助比例和最高救助金额分别提高 20%、2000 元；五保供养对象住院治疗费用经医保或者新农合报销后个人自费部分，可申报享受民政部门实施的二次救助；符合救助病种的低收入家庭重病患者，在定点医院治疗、经批准同意转院异地住院治疗或在本县辖区范围内的非定点医院住院治疗，个人实际负担医疗费用达到 5000 元的，可获得 50% 比例救助，当年累计最高可获得 8000 元救助。四是进一步扩大定点医院范围。除县人民医院、县中医院外，首次将各乡镇卫生院正式列入定点医院范围内。

3. 加大五保供养力度

严格按照政策要求，将符合条件的对象全部纳入供养范围。全县集中供养人数达到 700 名，11437 名分散五保对象全部纳入供养范围。

4. 落实政策，狠抓安置优抚工作

按时足额发放优抚对象优待金、定补款，认真做好伤残人员证件换发等级调整工作，加强退伍军人的接收安置优化工作，并免费为退役士兵提供职业教育和技能培训。目前，已投入培训资金 50 余万元。

5. 部门联动，加大流浪乞讨人员管理

严格按照"有求必救、应救尽救"的原则，进一步加大与公安、教育、卫生等部门联合救助力度，对未认定但又无人抚养的孤儿及流浪乞讨人员，以安置、劝导、发放救助金等方式给予救助。截至 2013 年 8 月底已救助流浪乞讨人员 106 人次，救助资金 8 万元。

（二）提升全覆盖救助标准

1. 提高保障标准，确保"贫有所助"

2014 年 5 月，荆县把城市最低生活保障线从月 330 元提高到月 380 元，农村最低生活保障线从年 1850 元提高到年 1930 元。13659 户 26715 人享受了城乡低保政策，年兑现保障金 4300 多万元。孤儿、艾滋病患者、城镇定救、流浪乞讨人员等特殊困难群体都得到了及时有效的生活救助，年救助资金 600 多万元。

2. 实行五保供养，做到"老有所养"

2014 年，荆县争取上级立项支持 200 余万元，对后坪镇、两峪乡福利院进行了整体新建，进一步改善集中供养对象居住环境。提高五保对象供养标准。分散供养对象年供养经费由原来的 1600 元/人提高到 2100 元/人，集中供养对象年供养经费由原来的 2100 元/人提高到 3600 元/人，增幅分别达到 31.5% 和 71.4%。目前全县有 2134 名五保供养对象，年发放供养经费 450 余万元。

3. 落实优抚政策，做到"军有所抚"

荆县为 4069 名烈属、因公牺牲人员家属、病故军人家属、残疾军人、在乡老复员军人、带病回乡退伍军人、年满 60 周岁农村籍退伍军人、年满 60 周岁烈士子女等对象落实了各项抚恤定补资金。为全县 600 多名一至六级伤残军人和其他重点优抚对象报销住院医药费 100 多万元。投入 400 多万元，完成了歇马镇、马桥镇、黄堡镇三个乡镇烈士陵园新建和歇马散葬烈士墓集中迁葬工程，对马良五虎、十字冲等地烈士纪念碑、塔及散葬烈士墓进行了新建和维修。完成困难优抚对象危房改造 100 户，投入资金 100 多万元。解决重点优抚对象生活难、就医难、住房难等问题。

4. 开展贫困群众医疗救助，做到"病有所医"

大幅提高医疗救助水平。城乡低保对象救助比例由原来的 50% 提高到 60%，封顶线 8000 元；农村五保供养对象和城镇"三无"集中供养对象救助比例由原来的 80% 提高到 100%；城乡"低收入家庭"成员患大病，救助比例由原来的 40% 提高到 50%，封顶线 8000 元。同时，在全县 11 个乡镇 16 所卫生院开通了即时结算服务，实现了医疗救助"一站式"服务全覆盖，为贫困群众提供优惠优质、方便快捷的医疗救助服务。

以减轻低收入家庭患者住院医疗负担为出发点，对城乡低保对象家庭成员患大病救助不设起付线、不限制病种，救助标准从原来的 50% 提高到 60%；城乡低收入家庭成员患规定病种的，在个人负担 40% 费用基础上，将救助比例提高到 50%；五保对象住院治疗在新农合报销的基础上，个人实际负担费用全额救助。2014 年全年共实施城乡困难群众医疗和临时救助7300余人（次），发放医疗和临时救助资金630余万元，减少困难群众因病致贫、因病返贫。

（三）逐步提高社会救助服务水平

为充分发挥"社会救助站"临时避难所、危险缓冲带、社会稳定器的功能。荆县采取多项举措完善社会救助机制，加强不同救助资源整合衔接，不断提高社会救助管理水平。

1. 健全救助制度

制定完善了救助站职责和工作岗位、办公值班考勤以及受助人员管理制度、救助工作流程、求助须知等十多项规章制度，着重从创新机制入手，进一步强化了社会救助站的规范化建设。

2. 改善救助环境

加大资金投入，科学设置教室、活动室等设施，对搜救和接收的流浪乞讨人员完善洗浴、送医就诊、电话联系、汇款等服务。从人员、场所、制度等方面大力改善救助条件，不断提升救助质量。

3. 加强人文关怀

组织劝导小组，每星期上街主动开展救助和重大节日期间固定开展街头救助服务，耐心劝导流浪乞讨人员到救助站接受救助，并给受助人员送水、食物和棉被衣物。在此基础上，主动与妇联协作，设立反家庭暴力庇护中心；与救灾部门协作，设立突发灾害避难场所；与公安部门协作，建立联动救助制度。与城管部门协作，建立引导护送制度，劝说或引导至救助站求助。与卫生部门协作，对流浪乞讨人员中的危重病人或精神病人等，实行先治疗，治愈后转救助站送其返家的制度。对乞讨者中一部分无家可归者，积极协调乡镇、社区和公益慈善社会组织主动承担起救助生活无着者的社会责任，及时给予人文关怀保护，进一步规范了安置回归、区域化协作、源头预防治理等工作。

4. 提高救助政策透明度

采取多种形式，有针对性、有重点地对社会救助政策进行立体交叉宣传。通过报纸、电视以及印发宣传单、宣传册等渠道，广泛宣传民政政策，让政策走进千家万户，把政策尺度交给群众，让群众了解政策，知晓政策。在《今日荆县》刊发了多期以城乡低保、医疗救助的申报、审批程序以及救助条件等为内容的政策专栏，印发宣传手册10000余份分发到各乡镇、村（社区）。以新闻发布会的形式，将城乡低保、困难群众医疗救助等政策向社会公开发布，取得了较好的社会效果。

5. 启动农村福利院星级管理工作

为积极推进示范县创建活动，进一步提高农村福利院规范化管理水平。荆县民政局根据省市要求，积极开展农村福利院星级评定工作。结合实际，印发了《荆县农村福利院星级评定实施方案》，内容涵盖组织保障、基础设施、供养服务、内部管理、农副业生产5大项82小项；在全县11个乡镇13所农村福利院开展了"星级评定"工作，对各乡镇农村福利院的基础设施、功能配备、规范管理、服务水平等方面提出明确要求。同时，为强化福利院的管理责任和管理职能，开展了农村福利院事业单位法人登记工作。并以福利院星级评定为契机，全面落实供养政策，对供养经费做了相应调整，把分散供养经费由原来的1600元提高到2100元，集中供养由原来的2100元提高到3600元，增幅分别达到31.5%和71.4%。同时，为扩大办院规模，对2所福利院进行了整体新建和扩建。通过自查评估，全县达到三星级福利院3所，占农村福利院总数的23%；二星级福利院8所，占62%；一星级福利院2所，占15%。

6. 创新社会救助"五联"机制

荆县社会救助的"五联"，是指联贫困户、联低保户、联鳏寡孤独老人、联贫困学生、联信访户，该活动是县委、县政府关注民生、积极探索为民解难的一项新举措、新途径。由荆县民政局为牵头单位，县人大办公室、食品药品监督管理局、广播电视台、教育局、粮食局、供电公司、公安局等7家县直单位为参与单位，在两峪乡开展"五联"帮贫扶困活动。活动自开展以来，受到各类帮扶对象的热烈欢迎和社会各界的普遍认同。荆县民政局充分发挥部门职能优势，多措助推全县"五联"工作开展。根据全县"五联"活动统一部署安排。为确保各单位帮扶工作措施落实到位，受助对象切实感受到帮扶活动带来的好处，作为活动牵头单位，荆县民政局在为 7 家单位顺利开展帮扶活动做好服务保障工作的基础上，按照荆县县委、县政府、县五联办相关文件精神和要求，制定督办细则，明确督办重点，并采取实地抽样回访调查、查阅相关图文资料等方式，强化对各单位开展帮扶工作督导。一是督导活动方案制定，是否成立领导小组、明确工作专班；二是督导活动覆盖率，是否实现了帮扶对象类型全覆盖、党员干部参与面全覆盖；三是督导活动推进情况，党员干部与帮扶对象是否实现了全面对接、是否制定了具有针对性的帮扶措施、是否按时开展了帮扶工作、是否达到计划帮扶效果，确保各单位在两峪乡挂联帮扶工作真正做到活动有组织，帮扶有计划，执行有力度，落实有效果。

（四）拓展住房保障服务

荆县山大人稀，居住分散，条件恶劣。2010 年时，全县仍有 28405户 92017 人住在破旧的危房里。其中居住高山偏远地带、特殊困难家庭、完全无能力建房的就有 9985 户。为切实解决农村困难户的住房问题，彻底改善他们的居住环境，荆县县委、县政府从 2010 年开始，把农村危房改造纳入为民承诺办理的"十件实事"之一。

1. 主要做法

一是实行危房改造补贴。该县根据各改造户的困难程度的不同，分不同等次分别给予不同的补贴。修缮加固的补助 3000 元（125 户），一般新建的补助 6000 元（6652 户），特困指标的补助 25000 元（385 户）。在争取国家政策资金 5125 万元的基础上，整合各种惠农资金 5000 万元，按照集中重建、异地新建、原址翻建等形式，改造农村危房 71.62 万平方米，解决了 7162 户农民的住房问题，圆了 25067 名农民的新房梦。

二是集中连片建设。在农村危房改造过程中，仍有 9000 余户特别困难户没有能力建房，为此，该县创新工作方法，统一规划设计，统一征收土地，统一平整地基，统一施工招标，统一建设布局，统一安排居住，统一配套设施，统一安排管理，对这部分农户实行整体搬迁，连片建设。对集中连片建设的，政府每户追加配套 25000 元，主要用于通水、通路、通电，平整地基。3 年来，该县共整体搬迁集中连片建设改造点 21 个。尧治河村、中坪村、黄龙观村、大畈村等已全部消除危房。

三是在城镇建设廉租房、公租房等保障性住房，该县自 2008 年以来，以"居者有其屋"为目标，争取中央、省专项补助资金 1.2 亿元，投入建设资金 9000 万元，建成廉租房、公租房和棚户区改造等保障性住房 1224 套，累计发放廉租住房租赁补贴 5089 户，已让 17958 名低收入人员享受到住房保障政策优惠。

综上所述，荆县的住房保障政策使 43025 名城乡低收入人员受惠。

2. 保障机制

一是实行目标责任制。为确保住房保障工作顺利推进，该县近几年将保障性住房建设作为县政府为民办理的"十件实事"之一，直接写入了政府工作报告。按照"一个项目、一个牵头领导、一个工作班子、一个倒排工期表、一揽子抓到底"的原则，对每一年的建设项目实行"包保"负责制，确保工作抓落实。制定了《荆县住房保障"十二五"发展规划》，明确了住房保障工作发展目标。每年县政府与各责任单位签订责任状，纳入年度考核，进一步强化了部门责任分工，理顺了各相关部门责任边界。在政策宣传上，利用电视、报刊、广告等媒体与平台，宣传住房保障制度的意义和地方政府的重视。在政策落实上，该县将解决中低收入家庭住房困难工作纳入政府基本公共服务职能，明确保障性住房建设职责。同时，完善了资金筹措渠道，加大政府财政投入。统筹住房专项资金、国土基金及财政预算安排用于保障性住房建设，确保了保障性住房建设配套资金及时到位。

二是健全管理制度。在制度建设上，因地制宜地出台了一系列规范性文件，确定了住房保障范围、准入条件、申请分配程序。在管理实施上，初步建立了住房保障对象的文书档案和电子档案，实现了对保障对象准入、年度审核及退出的动态管理。在项目管理上，不断完善项目建设手续，认真落实项目建设"四制"管理；严格项目建设标准，强化投资概算管理，防止盲目投资、随意增加建设成本、擅自提高建设标准等行为发生；重视施工现场管理，保证项目建设质量。在资金使用上，制订了严格的财务管理制度，严格实行"专人、专户、专账"管理，保证了资金的正常使用。

三是部门联动，合力攻坚。这是保证住房保障项目顺利实施的关键。县政府多次专题召开住房保障工作督办会，召集县直相关职能部门负责人举行联席会，共同研究住房保障工作的新思路、好办法，及时研究解决保障性住房建设过程中的难题和困难，并协调各相关单位全力配合项目建设，形成了工作合力，推动了住房保障工作持续发展。

四是加强后期管理，严格实行动态监管。荆县社会救助局全面配合房管部门对申请住房保障、申请住房补贴的低收入家庭收入状况进行审核，并提出审核意见，报同级房管部门进行公示公告，接受群众的监督，在收入核对方式上，除入户调查、邻里访问、信函索证、单位出具收入证明等传统方式外，还开展了查前公示、评议前移、小区听证会等方式，努力增强收入核对的准确性。当前该县纳入享受廉租住房保障的范围为人均住房面积 13 平方米以下、月人均收入低于 390 元的低收入家庭。认真落实年度复核制度，按年度对家庭收入、住房情况进行复核，对不符合条件的家庭一律取消保障资格。落实物业管理制度，在每个安居小区内外均安置了电子监控探头，实行全方位监管，并委托具备资质的企业从事物业管理，开展 24 小时服务，为广大住户提供安全、可靠、舒适、温馨的居住环境。

（五）加强监督管理

1. 开展居民家庭经济状况核对工作

为有效实施社会救助制度，进一步规范社会救助工作，完善社会救助体系，荆县民政局成立居民家庭经济状况核对中心，通过信息比对与个人入户调查相结合的方式，积极开展居民家庭经济状况核对工作。

居民家庭经济状况核对中心成立后，在城市困难群众申请最低生活保障、住房救助等专项社会救助时，核对中心从两方面入手，严把社会救助入口关。一是通过与人社、房管、公安、工商、税务、住房公积金等部门联合，全面核查申请对象中拥有的社保养老、房产、车辆、经商、纳税信息。二是通过入户走访调查，了解申请对象吃穿用住等实际生活状况，详细核对家庭成员信息、家庭收入以及资产情况。多方面依法对申请社会救助家庭的经济状况进行比对，有效缓解了家庭收入核算难、低保对象认定难的问题。

自居民家庭经济状况核对工作开展至今，共核对申请最低生活保障对象95户210人，核检出不符合标准7户12人。核对申请住房补贴对象34户90人，核检出不符合标准18人。通过对申请对象科学、准确的核查比对，以及详细的入户调查，有效减少了骗保错保等现象，保障了社会救助工作公平、公正开展。

2. 开展清理低保突出问题整治活动

荆县民政局根据县纪委《关于开展损害群众利益的基层信访突出问题专项清理整治工作方案》要求，经过全面排查和调查核实。发现涉及民政工作的信访集中体现在：村党支部书记把居民最低生活保障当礼物送人情，村级组织在低保评审中村干部说了算，缺乏有效监督。县纪委已责成民政部门进行整改。为进一步规范低保操作程序，有效遏制"关系保""人情保"，全面提高低保制度公信力。民政局在全县集中开展了"清理损害群众利益反映低保突出问题整治"活动。

一是加强领导，明确责任。城乡低保工作涉及基层困难群众的切身利益，已经成为社会各界关注的焦点、热点工作。民政局要求各乡镇民政办一定要向乡镇党委、政府主要领导、分管领导汇报好，争取重视，成立专班，拿出方案，迅速开展清理整治工作。要按照"谁经办、谁负责，谁检查、谁签字负责"的原则，进一步明确评议、调查、审核的责任，确保清理整治月活动不走过场，不走形式，取得实效。县民政局抽调人员，组成工作专班，按照各地提供的备案名册，深入到各乡镇、各村进行督导检查。

二是明确重点，全面备案。清理整顿的重点指向非常明确，就是指村支两委主职干部的直系亲属，即：夫或妻、父母、岳父母、兄弟姐妹、子女，在清理整治过程中，凡是不符合低保条件的，必须整改，立即拿掉。

要加强对村级主要干部近亲属申报或已享受低保政策对象的管理，要在乡（镇）、县级层面全面落实备案、必查制度；以后，凡是没有申报备案的对象，一经发现，不管符不符合条件，一律先取消后调查。

三是启动问责，务求实效。各地结合党的群众路线教育实践活动，通过明察暗访，深入群众，深入基层，摸清真实情况。县纪委领导也对这类现象十分重视，对查办属实的责任人和当事人已明确要给予党纪、政纪处分。为此，对违规操作低保的当事人和责任人，将按程序和干部管理权限报请纪检监察机关启动问责程序，追究相关人员责任。

3. 提升全县城乡低保救助工作的科学性

一是严格救助申请受理审批。实行救助申请谁受理谁负责、谁审批谁负责的"捆绑"责任制，加大工作问责力度，给申请受理审批人加压，切实促进其提高责任意识。同时，要求村组、乡镇在救助申请受理审批工作上严格按程序开展民主评议、公开公示、近亲属享受低保备案，把好低保救助准入关，力求从源头上遏制"关系保""人情保"和骗保错保行为。

二是严查救助对象家庭实际。组织专班深入基层开展低保救助对象信息核查，掌握救助对象家庭人口结构、家庭经济收支等实际生活状况，根据调查核实掌握的情况，能纳入救助的及时纳入，能提高救助标准的及时提高，不符合享受救助条件的及时剔除，畅通低保救助进出渠道，进一步提高动态管理水平。

三是严肃问题信访查证整改。针对群众来信来访反映的问题，迅速组织力量深入到问题户、问题村进行调查核实，深挖问题根源，及时做好问题整改和信访回复工作，并根据问题导向进一步建立完善救助机制。

四是严惩弄虚作假虚报冒领。针对民政专班核查发现和群众举报查证属实的弄虚作假虚报冒领、将低保证件转借他人使用等恶劣行为，县民政局取消其享受低保救助政策，并联合县纪委监察部门严肃追究相关人员违规违纪责任，在全县发出通报以起到警示警醒作用，坚决维护低保救助工作的严肃性，提高救助工作社会公信力。

4. 农村低保款物实现阳光发放

针对农村低保工作覆盖面不断扩大、补助标准不断提高的现状，荆县民政局进一步采取措施，严格坚持款物"阳光发放"。

一是严把关口。做到领导、宣传、操作、监督四到位，坚持并严格把握四个环节的完整工作程序，即村委会评议—两榜公布—乡镇审核审批—县民政局复核，做到规范管理、阳光操作。二是坚持公开原则。有关申报条件、办事程序、发放金额和举报电话全公开，做到了公平、公开、公正。三是入户核查。组织人员走访低保对象，对困难群众的人数、缺钱、差粮情况摸底调查，并且分类登记造册，做到不错保，不漏保，不搞人情保，实现了"该保的一户不漏，不该保的坚决不保"的低保工作目标。四是社会化发放。坚持"专款专用、重点使用、无偿救助、到位及时、足额发放"的原则，把有限的资金能够最直接、最及时发放到最需要救助的困难群众手中，确保了低保对象能够按时足额领取低保金，牢牢筑起低保资金防火墙。

二、荆县农村养老服务均等化实践进展状况

（一）养老公共服务逐步得到加强

截至 2014 年底，在荆县总人口 28.2 万人中，60 岁以上老人有 48057 人，其中离退休老人 3216 人，城镇"三无"老人 139 人，农村五保老人 2020 人，80 岁以上高龄老人 4273 人，其他老年人 38409 人，占全县总人口的 17.04%，高于全国平均值 12%。虽然，在中国农村基本上还是以家庭养老为主，养老的重任主要靠子女和家庭，但是，随着农村家庭结构的变化（子女变少）、工作和居住情况的变化（子女长期在城市打工和居住），形成了越来越多的留守老人，农村的养老问题越来越突出，政府的养老公共服务职责越来越重。

1. 逐步改善老年人的社会福利待遇

一方面，全面落实老龄惠民政策。2015 年，全县共有享受低保救助的老年人 3672 人，其中农村低保 2858 人，每月平均享受 110 元低保救助

金，城市低保 814 人，每月平均享受 210 元低保救助金。农村五保老人 2020 人，按照集中供养和分散供养的相关规定，每人每年供养经费分别为 2100 元和 1600 元。同时，对于低保老人和五保老人，适时向其发放节日慰问金、物价补贴，提高医疗报销比例。全县 60 岁以上农村户籍老人和城镇无固定收入老年人已全部享受国家养老保险补助政策，由相关部门每月定额向其发放养老金，符合条件的已全部纳入新型农村合作医疗。另一方面，出台了老年人优待办法，实行高龄老人津贴制度，从多个方面规定对老年人实行优待，内容涉及公交免费、参观游览优待、低保上浮、医疗优先等方面。从 2013 年 1 月 1 日起，在全县实行高龄老人津贴制度，80 岁以上高龄老人分三档发放补贴，即 80—89 周岁老年人每人每月发给 50 元补贴，90—94 周岁老年人每人每月发给 100 元补贴，95 周岁以上的老年人每人每月发给 200 元补贴。

2. 发展壮大乡村养老机构

目前，全县共有各类养老机构 16 家，床位 1193 张。其中，光荣院 1 所，床位 50 张，供养孤寡重点优抚对象 25 人；县社会福利院 1 所，床位 125 张，供（代）养 115 人；农村福利院 13 所，床位 998 张，集中供养五保对象 693 人；民办社会养老福利机构 1 所，床位 20 张，供养 15 人。为逐步推动养老机构建设，民政部门正从三个方面着力：投资 300 万元的全县标准化老龄公寓的改扩建工程已正式启动；新建两所和改扩建两所农村福利院的工程相继动工；开展养老创新，鼓励有条件的村开展农村幸福院建设，多渠道推动养老机构的发展壮大。

3. 积极开展居家养老服务试点建设

2013 年，县民政局分别在新街社区、光纤社区、歇马社区三个城镇社区和叶家湾、大坪、中坪三个农村社区开展城镇社区居家养老服务中心试点建设和农村老年人日间互助照料中心试点建设。目前，已初具规模，待试点成功后，全面推开。

（二）以县社会福利院为窗口开展创新实验

县社会福利院是政府在养老服务方面的窗口和名片，是上级政府和领导检查视察的对象，也必然是地方政府的重点建设单位。该院的养老服务改革和完善具有典型意义。

荆县社会福利院始建于1980年，是与老年公寓合二为一的事业单位，现有职工21人，供养院民68人和代养院民47人。近年来，着力按照"管理科学化、服务规范化、庭院花园化、康复一体化"标准加强建设和创新，为全县养老事业撑起了一道亮丽的风景。

1. 加强设施建设，优化生活环境

为了大幅度提升服务质量，满足社会老人入住和多元化的需求，近几年着手对硬件设施进行改造。通过跑部门、进省厅，争取资金，购买各类家居用具、生活用品，精心装扮公寓环境、院民宿舍，协力为院民们打造了一个舒适、温馨的家园。院民人平居住面积35平方米，宿舍统一配备单人床、衣橱、床头柜、桌椅等家具；居室走道防滑、楼梯走道安装扶手；供养食堂环境焕然一新；院办诊所配有检查床、常用测量仪、理疗仪、急救箱等医疗设备，医疗水平和环境显著提高。室外春有花、夏有荫、秋有果、冬有青，六组雕花石桌石墩古色古香，专供院民日常休闲娱乐。目前，县社会福利院基础设施建设走在全襄阳市乃至全省的前列，先后获得"全省一级社会福利院""全省行风建设窗口先进单位"和"全国妇女巾帼文明示范岗"等荣誉称号。

2. 开展服务创新，不断提升质量

县社会福利院是个大家庭，不同的老人会有不同的需求，搞好服务并不是一件简单的事。他们创新了多种形式的服务。一是规范日常生活细节。为保证生活质量，严格《伙食管理制度》，对餐具勤洗、勤刷、勤消毒，杜绝腐烂变质食物进入食堂，拟定周餐菜谱，荤素搭配、软硬结合，每逢节日，还提高伙食标准，尽量使院民们吃得高兴、吃得健康。同时，针对生活有困难的老人，我们设置女子特护组，明确专人端茶递水到手上、送饭护理到床边，小病院内诊所就医，大病和危重病专车接送于定点医院检查治疗和陪护，做到了小病不出门，大病有保障，切实满足了院民们的需要，提高了院民的健康质量和生活质量。二是规范服务护理程序。

细化服务环节，细化护理细则，明确服务人员包保 3—5 名院民，实行"三主动"服务：即主动多上门（到老人房间去）、多动嘴（和老人交心谈心）、多动手（帮老人洗衣、叠被、洗脚、修指甲等）。帮助院民每周一、三、五洗衣、洗被，二、四、六打扫室内卫生，护理院民每天刷一次牙、2—3 天洗一次衣、4—5 天洗一次澡、6—7 天洗一次头、8—9 天刮一次胡须、半个月剪一次指甲、一个月理一次发，互动院民养成勤换衣、勤洗澡的好习惯，并做到一周一点评，一月一小结，一季一总结。三是规范社会化活动组织。邀请文艺团体与院民联欢，组织老人游览城市，观看家乡的变化。参加一些有益身心的社会活动，开阔视野。公示、公开"五好院民"标准，每月进行一次竞选，每半年进行一次民主评选表彰。每逢重阳、春节重大节日，规范组织"献爱心"活动，接受社会支持、捐赠，邀请县、局领导陪同老人们过节，在满足老人物质生活的同时，实现了"视老人如父母、待院民似亲人"的兴院理念。

3. 拓展生产项目，增强经济基础

"光靠上级拨一点、财政划一点，没有出路！"基于这种认识，他们想方设法闯出了一条"以院办场、以场养院"的发展途径：一是自办实体，即开办小卖部、医疗卫生室、养猪场等项目，积极发展院办经济；二是拓展服务领域，由政策内集中供养拓展为面向社会自费代养，且逐年扩大规模；三是积极向上争取资金，争取优惠政策项目，最大限度地增添院内设施，补贴院民生活和扩大再生产。院内生产项目不断拓展，经济效益逐步显现，各类创收项目年利润超过 10 万元。收入的增加，极大改善了院民生活，真正实现了"病有所医、老有所养、老有所乐"。

（三）推进农村养老服务方式创新

1. 整合社会力量

荆县重视并充分发挥社会力量的作用，鼓励社会各界参与到助老服务的工作中，拓宽助老服务内容。荆县在全县范围内成立"笑颜义工"助老服务队，由各单位和社会志愿者参加，就近就地开展助老服务活动。

2. 探索"医养融合"养老新模式

2014 年，荆县首个集医疗、保健、养老为一体的老年颐养中心在该县城关镇卫生院建成投入使用。据了解，"医养结合"是一种整合养老和医疗两方面资源的养老模式，主要服务对象是无子女照顾的老年人、需要临终关怀的老年人等，为他们提供健康指导、康复治疗等服务。

3. 开展多种形式"敬老月"主题活动

随着社会经济发展，有关老年人各项工作的社会关注度越来越高。为进一步在全社会营造尊老爱老敬老助老的良好氛围，县政府和有关部门以"中秋""重阳"两节为节点，创立了贯穿整个十月的"敬老月"主题活动，广泛开展形式多样的特色活动，弘扬中华民族尊老敬老传统美德。

"敬老月"主题活动包括：举办了一台文艺汇演——组织广大离退休老年人积极参与，成功举办了一台老年人文艺展示汇演，以文艺演出的形式展示老年人的精神风貌，宣传敬老爱老思想，增强全社会敬老爱老意识；组织了一次走访慰问——由县老龄办牵头协调，积极组织到城关镇等地，集中走访慰问了部分 80 岁以上的高龄老人，了解他们的晚年生活状况，并送上慰问金和节日祝福；开展了一场交心座谈——在社会福利院、光荣院等各类养老机构，组织老年人召开茶话会，同老年人交心谈心，开展击鼓传花、讲故事、唱歌曲、猜谜语等文娱小活动，丰富老年人业余生活，并为入住的每一位老年人发放一份节日礼品。

2013 年的首次"敬老月"活动范围主要限于县城。随后便开始向乡村地区延伸。根据工作实际，在城镇和农村地区分类开展爱老敬老主题活动。在城镇、社区，以支持开展各类文体活动为主，鼓励老年人开展棋牌、舞蹈、歌唱等业余兴趣活动，积极为其提供财力、人力、物力、智力支持；在农村地区，以开展助老帮扶工作为主，号召全县各单位在"五联"活动中，积极帮扶鳏寡孤独老人、空巢老人，关心其生活生产情况，根据实际及时将他们纳入帮扶范围，尽力帮他们解决生活、生产、养老、医疗等方面的困难，多为他们办一些看得见、摸得着的好事和实事，传递党和政府及全社会对他们的关怀和温暖。

4．养老服务制度化、规范化和科学化

乡镇社区基层政府也不断创新养老方式，旨在更好地为社区老人提供优质的养老服务。例如，黄堡社区针对征求到的社区工作中出现的官僚主义、服务老人不周到等问题，进行梳理，以制定合理规范的服务程序，使养老服务更加制度化、规范化、科学化。该社区发放了"居家养老服务卡"，将生活照料、康复保健、法律维权、文化教育、体育健身、精神慰藉等六项社区服务职能与社区负责人及工作人员的联系方式发放到老人代表和党员代表手中，老年人能够遇事即诉、有事直诉，"小卡片、大服务，搭起服务与居家老人连心桥"。同时该社区开展了一对一帮扶措施，对社区内独居老人、留守老人、空巢老人进行重点帮扶。成立了居家养老食堂，每日定点、定时为独居、空巢、失能老人提供三餐饮食，使日间照料服务的功能更加强化。通过开展"一对一的帮扶"活动，为老年人的日常生活提供了可靠的保障。

三、荆县加强农村留守儿童关怀服务实践进展
（一）强化政府对留守儿童的公共服务职责

在西方发达国家，儿童权益的维护，尤其是对穷人家庭的儿童权益的公平保障，是非常重要的社会福利内容和政府基本职能。在我国，除了一般性的儿童权益保护问题外，在农村地区更突出的是其中一部分特殊的群体——留守儿童群体。农村留守儿童关爱问题是当前中国农村普遍存在的非常突出的难题。拓展和加强政府在留守儿童关怀和教育方面的公共服务，是地方政府不可推卸的职责。

荆县全县常年外出务工人员 4.5 万人，2014 年底共有留守儿童 4786人，占义务教育在校生总数的 23.4%。留守儿童由于缺乏父母的关爱，导致许多问题，如心理负担较重，渴望关系和帮助，性格内向甚至怪异，学习成绩不理想（根据荆县妇联的调查，学习优秀的仅占 15%），还会衍生一系列社会问题，如处理矛盾纠纷不够理性，不良习惯较多，容易出现违法乱纪行为等。留守儿童关爱服务涉及地方政府公共服务多个部门和环

节，如社会保障、教育、人口和计生、妇联、团委等。

1. 建立留守儿童工作领导机制

荆县县委、县政府将留守儿童关爱工作作为惠民生、促和谐的大事、好事、实事，纳入创新社会管理大局，列入综治平安建设重点攻关项目中，多次召开专题会议，研究解决留守儿童健康成长问题。为了更好地关爱留守儿童，进一步加强留守儿童爱心服务站建设，荆县制定下发了《荆县2014年留守儿童爱心服务站建设实施方案》，成立了由县政府常务副县长任组长，县委办、县政府办、县妇联、县教育局等相关单位主要负责人以及11个乡镇镇长为成员的领导小组，形成"党政统一领导、部门各负其责、全社会共同参与"的留守儿童工作领导机制。

2. 明确目标任务

为了将关爱留守儿童活动深入开展，全县召开了专题会议，就全县关爱留守儿童工作进行安排部署，县妇联、县教育局联合下发了《关于加强留守儿童管理服务工作的实施意见》，明确了工作思路，并将目标任务细化，分别明确牵头部门和责任部门，实行项目化管理，与各乡镇、县直成员单位签订工作责任状，做到任务项目化、项目责任化、责任严格化。建立联席会议制度，要求责任单位定期汇报，反馈情况，定期交流，研究、部署留守儿童关爱工作。

3. 建立监管平台

妇联对全县留守儿童进行了摸底调查，并建立了留守儿童成长记录档案管理平台，涵盖全县留守儿童的个人信息、父母外出务工情况，实际监护人基本状况等多方面内容，实行动态录入、动态监测、动态服务管理，切实做到底子清，情况明。

4. 完善工作制度

针对关爱工作重点和难点，县、镇妇联建立健全留守儿童档案管理、结对帮扶、上门走访、心理疏导、家校联系、监护人培训、定期反馈、关爱慰问、安全应急等一套体系完整、内容全面、易于操作的工作制度，有力地推进了关爱工作。

（二）搭建关爱留守儿童工作平台和机制

1. 建立留守儿童爱心服务站

为切实解决留守儿童在家庭教育、心理健康、社会保护等方面存在的突出问题，2012年以来，荆县政府连续两年将留守儿童爱心服务站建设纳入了政府十件实事。按照上级政府提出的建设目标和要求，该县在落实建站选址的基础上，进一步抓好爱心服务站规范化建设，按照"五有"建站标准，即有牌子、有场地、有硬件设施（电视、电脑、电话等基础设施和一定数量的图书及文化体育器材）、有专人负责、有规章制度。2014年底荆县已建设69所留守儿童爱心服务站。2015年在马桥镇探索建立了首家流动留守儿童爱心服务站。县妇联为每一所留守儿童服务站配备电脑、桌椅、书柜和体育器材等。几年来，留守儿童爱心服务站发挥了教育、联谊、服务三大作用，各服务站通过开展寓教于乐的文艺体育活动，丰富了留守孩子的生活，县妇联还免费为留守儿童开设亲情电话、设立心理咨询室，让他们能够随时与父母通话、交流，让他们体会到家的温暖和父母的关爱，使服务站真正成为留守儿童倾诉心声、开启心灵之窗之地。

2. 建立联席会议制度

县妇儿工委每季度组织成员单位召开联席会议，重要节日邀请县主要领导参加庆祝活动，进一步了解留守儿童工作动态，共同研究关爱工作中需要解决的突出问题，定期督查工作进展，推进工作落实。

3. 建立督查激励制度

一是加强目标责任考核力度，将关爱留守儿童各项工作纳入2014年妇联业务目标考核责任制范围，年底实行硬账硬结。二是加强督办指导力度。县妇联多次组织专班深入到各乡镇和各个留守儿童爱心服务站，查看活动阵地和资料档案建设情况。多次联系县广播电视台、新闻中心记者对软硬件建设好、活动开展丰富、作用发挥明显的爱心服务站进行宣传报道。注重总结推广基层创造的新鲜经验，积极发挥先进典型的示范带动作用。三是建立经费保障制度。县镇两级政府把关爱留守儿童工作纳入全局工作，纳入财政预算，确保寄宿制学校以及留守儿童服务站建设、开展活动所需各项资金投入到位，为关爱留守儿童工作提供必要保障。

（三）构建留守儿童社会救助体系

1. 加强社会宣传和动员

为了让全社会都来关心留守儿童的健康成长，荆县妇联作为牵头单位，注重宣传，做好舆论引导。一是下发活动方案。多年来，县妇联结合不同层面，选择工作重点，利用"六一"等节日，通过召开会议，下发活动方案，发放倡议书、宣传单等到多种形式，动员更多的"爱心爸妈"加入到结对帮扶活动中来，动员更多爱心人士奉献爱心。二是利用媒体宣传。荆县妇联联合广播电视台大力宣传《未成年人保护法》《预防未成年人犯罪法》《儿童发展纲要》等有关保障儿童合法权益和促进儿童健康成长的法律法规。拍摄制作了《关注留守儿童》等专题片，通过专题片真实反映了留守儿童的家庭现状、学习生活环境，通过宣传，博取了广大干部群众及社会各界人士的同情心，增强了他们参与活动的积极性和自觉性，产生了良好的社会反响。三是典型宣传。近几年来，荆县建立的留守儿童爱心服务站发挥着重要作用，"六一"期间，县委对作用发挥突出的5所留守儿童爱心服务站和30名优秀留守儿童进行了表彰，通过典型宣传和示范带动，在全社会进一步形成了共同关注留守儿童健康成长的良好氛围。四是提出具体的倡议。县妇联联合关工委、工商联、总商会、巾帼创业带头人联谊会发出向"贫困、留守儿童"献爱心的倡议，得到了全县各界人士的大力支持和积极参与。几年来，各界爱心人士共向贫困留守儿童捐资捐物50余万元。县妇联动员全县各级妇联组织及相关单位结合"群众路线教育""五联""巾帼扶贫助困"活动及挂钩扶贫工作，广泛开展了"爱心爸妈"结对帮扶活动，广大干部职工及社会爱心人士乐当"爱心爸妈"，主动深入社区、学校、结对帮扶村走访慰问留守儿童，为他们送去了实实在在的关爱。

2. 创新活动载体和方式

一是组织"爱心爸妈"队伍。几年来，荆县妇联通过发倡议、广泛宣传，在全县共招募"爱心爸妈"3000余名，"爱心爸妈"分别与"留守儿童"结成了对子，在招募的"爱心爸妈"中，不仅有妇女干部，还有部分富有爱心的男领导干部，通过开展"爱心爸妈"牵手"留守儿童"活动，就是让她们肩负起农村留守儿童家庭教育的责任，解决这一特殊群体少年儿童的心理缺乏关爱、感情缺乏寄托、学习缺乏帮助、生活缺乏照顾、管理缺乏家教的现实问题。组织"爱心爸妈"通过实施"三个一"关爱活动，即每个月和留守儿童见一次面，每个月和留守儿童父母沟通一次，每个学期和孩子们过一次有意义的节假日，让留守儿童在"爱心爸妈"的关爱下快乐成长。

二是建立"留守儿童志愿服务队"。为贯彻落实中央、省市关于开展志愿服务的意见，更好关爱留守儿童群体，县妇联在全县发出倡议，建立了一支100余人的关爱留守儿童的志愿服务队，每个志愿者与留守儿童实行了"一对一"的结对帮扶。志愿者通过与留守儿童见面交流，从学业辅导、心理咨询、法律维权、思想教育、文体特长辅导等方面对留守儿童进行志愿服务，让留守儿童在关爱中茁壮成长。

三是组织开展社会结对帮扶活动。一直以来，县妇联把关注贫困留守儿童这一弱势群体作为履行妇联职责的一项重要任务来抓，协调社会各方力量，努力做到生活上关爱、思想上关怀、成长上关心，以不同形式开展了丰富的关爱留守儿童活动，例如，2014年5月，县妇联在后坪镇留守儿童爱心服务站组织开展了以"父母远离 关爱不离 传递温暖 亲情无限"为主题的关爱留守儿童活动，16位爱心企业老总与留守儿童进行互动交流，通过简单有趣的亲子游戏，使孩子们在浓浓的爱意中感受到了久违的亲情和快乐。并且还为13名小学生、5名初中生、2名高中生捐赠学习补贴费用57600元。随着关爱活动的深入开展，"爱心爸妈"队伍越来越壮大，更多的热心人士不断加入到其中，2015年，全县"爱心爸妈"已经超过3000人，开展结对帮扶活动255场次，捐款20余万元，捐物9880件。还在市县中小学生之间搭建"手拉手"活动。通过"手拉手"结对，孩子们将保持长期联系，相互帮助，一起成长。活动不仅帮助山区孩子实现了微心愿，也为孩子们搭建了友谊的桥梁。

四是开展"爱心助学"活动。为切实帮助贫困留守儿童完成学业，让贫困留守儿童一个不辍学，县妇联充分发挥职能优势，积极争取上级部门支持，动员社会力量为荆县就学困难的留守儿童给予经济上的帮扶。几年来，县妇联多方争取，共资助贫困留守儿童160多名，使贫困留守儿童顺利完成了学业，圆了他们的求学梦。并且在中、小学以"三联三帮"为载体，深入开展留守儿童爱心帮扶活动。"三联三帮"即学校领导带头联系孤儿、残疾学生，班主任老师联系单亲、学困生，全体教职员工联系留守、贫困生，帮助学生解决生活上的困难，帮助学生解决学习中的困难，帮助学生解决成长中的烦恼。

四、总结和启示

（一）转型时期的政府将面临越来越繁重的社会保障服务任务

通过荆县的社会保障几个方面实际实证分析，可以非常明晰地得出结论：在我国即将全面建成小康社会，逐步迈入工业化、城市化和现代化的新型社会发展阶段时期，政府的基本公共服务职能也在扩大，社会保障方面的任务将会越来越重。正如前面已经提到的，旧福利经济学创始人庇古很早就阐述了两个基本的福利命题：一是国民收入总量愈大，社会经济福利就愈大；二是国民收入分配愈是均等化，社会经济福利就愈大。[①]

一方面，是社会保障的内容拓展。随着社会的发展和转型，会产生新的问题和新的需求，需要增加政府社会保障方面的公共服务职能。比如，农村住房保障服务职能和留守儿童（也包括留守妇女、留守老人）关爱就是新拓展的服务职能。农村住房长期以来属于私人产品，县级政府很少承担这方面的职能。但是，现在由于住房保障在城市地区已经成为政府的重要社会保障职能，并投入大量公共财政，因而，为了均等化、公平化的需要，县级政府也需要适当增加农村住房保障的投入，在农村地区的项目换成了危房改造或者新村建设。留守儿童关爱实际上是中国特色的农村新

---

① 庇古：《福利经济学》，金镝译，华夏出版社2007年版，第106页。

型儿童基本服务。

另一方面,有的公共服务需要"升级",提高标准。如农村养老服务、大病救助服务等。在传统社会,政府在养老方面的服务职能主要是"五保户"的服务,一般人的养老服务基本靠家庭、靠自己,但是,现在由于人口结构的变化,孤单老人增多,由于农民工的就业流动,留守老人越来越多,必定会极大增加政府的养老服务责任。因而,今后的地方政府需要在社会保障方面投入更多的人力、财力和管理精力。建设服务型政府的现实意义将更加显著。

(二) 做好社会保障服务需要构建多元治理体系

社会保障内容广泛,任务繁重,因而,不可能完全依靠政府,需要充分扩大社会参与,调动社会资源,实现共同治理。一方面,一些现代理论,如福利多元主义理论已经给我们提供了比较明确的思路:社会福利既不能完全依赖市场,也不能完全依赖国家,福利是全社会的产物,应该有多元来源。罗斯(Rose,1986)提出社会福利来源于三个部门:家庭、市场和国家,将三方提供的福利整合,就形成了一个社会的福利整体。[①]我国的国情是人口多、底子薄、地域广而差别大、发展任务重,在基本公共服务供给上更需要维持多元平衡。另一方,欧洲福利国家的实践也给我提供了经验和教训:欧洲的福利国家从20世纪90年代开始,就逐步推行了社会保障政策的变化,逐步减少政府的福利项目,降低政府成本,增加社会活力。例如,瑞典一直是世界上福利最全面、最慷慨的国家之一。但是,从20世纪90年代开始,瑞典已经采取了一系列的社会保障收缩性变革,降低津贴,包括医疗津贴、失业津贴、参加津贴等,从90%降到80%。养老金和失业保险项目也在变化,降低了普享型非缴费的基本养老金的数额。这些变化预示着瑞典的社会保障制度开始从公民制转向社会保险模式。

从荆县的社会保障运行情况看,在一些服务项目方面,推进多元治理

---

① [英]庇古:《福利经济学》,金镝译,华夏出版社2007年版,第106页。

已经有了较好的开端。比如，在留守儿童关爱服务方面，除了加大了政府管理和投入外，同时也利用妇联等群团组织，加大了社会宣传和动员，组织和整合了较大的社会资源。如组织招募"爱心爸妈"活动、"留守儿童关爱志愿者"活动、城乡儿童"手拉手"活动等。在养老服务上，积极推进市场化运作，扩大企业和社会的投入。

（三）注意加强社会保障领域的廉洁和监督

在管制型政府里，腐败高发领域可能是管人管财、有审批权管制权的部门和职位。在当前公共服务越来越重要，涉及财政金额越来越多的情况下，公共服务领域的腐败也可能增多。从荆县的实际情况看，社会保障领域的腐败现象开始增多，廉政建设和监督管理的任务非常重要。例如，荆县纪委系统专门开展清理低保突出问题整治活动。出台了《关于开展损害群众利益的基层信访突出问题专项清理整治工作方案》。涉及民政工作的信访集中体现在：村党支部书记把居民最低生活保障当礼物送人情，村级组织在低保评审中村干部说了算，缺乏有效监督。县纪委已责成民政部门进行整改。进一步规范低保操作程序，有效遏制"关系保""人情保"，全面提高低保制度公信力。

防止公共服务领域腐败发生，一方面，需要加强党委和政府的监督，建章立制，加强纪检监察部门的专项监督，强化责任制，制定并执行好"权力清单""负面清单"和"责任清单"制度。当前，地方政府通用的做法是推行"一岗双责"，即把行风建设工作与党风廉政建设相结合。另一方面，需要推进政务公开，扩大社会的参与和监督，尤其是需要畅通服务对象的评价和考核渠道，建立便捷科学的考评体系。从机制上保障和促进公共服务部门广泛听取服务对象及社会各界的意见与建议，自觉接受群众监督，积极为困难群众排忧解难，切实解决好人民群众最关心、最直接、最现实的利益问题。

（四）政府的社会保障职能需要协调统一

社会保障公共服务领域广泛，涉及多项内容和环节，如养老保险、失业保险、医疗保险、工伤保险和生育保险等社会保险；社会救济，老人、儿童、残疾人等弱势群体的生活保障；军人及其亲属予以优待、抚恤、安置；社会慈善和互助等。这些职能分散在政府的多个部门，如民政、人力资源和社会保障、住房和建设、教育、人口计生等部门，以及妇联、团委等群团组织。因而，存在着职能交叉、职责不清、财力人力分散等问题。一方面，需要地方政府多方沟通协调，才能形成合力。有时候需要成立领导机构，由政府主要官员任领导；有的时候需要明确一家协调或牵头机构，避免各自为政。另一方面，也可以推行大部制，把相近或者交叉的职能合并到一个部门，统一行使。如，成立综合性的社会保障部门。最后，还需要注意集中财力物力人力，避免分散和浪费，提高行政资源的利用效率，用较少的钱办更多更好的事。

第七章 基本结论与政策建议

一、研究的基本结论

实证研究的每章最后，在基于前面的实践考察基础上，都提出了若干总结与启示，这是针对具体公共服务的小结性思考。最后，提出若干宏观性、整体性的基本结论。

（一）基本公共服务均等化的实践进展，不仅取得了显著成效，而且具有深远的意义

通过对荆县这样一个最普通的山区县的实证研究，可以明确得出一个结论：从 2007 年正式实施基本公共服务均等化政策以来，在不到 10 年的较短时间内，中国乡村地区的基本公共服务均等化政策得到了有效的落实推进，并且取得显著成效。这不仅证明相关政策和制度顶层设计适应了中国社会发展需求，而且说明了制度实施措施符合地方实际，具有合理性和有效性。

一是县域基本公共服务各方面的体系快速得到健全。从深远的意义讲，直接促进了地方政府向服务型政府的转型。从政策制度体系、组织管理体系、公共产品的生产供给体系到监督考核体系等，都较快得到建立和不断完善。比如，在公共卫生服务体系方面，新农合迅速得到推广，农村的三级服务载体和平台迅速得到加强或者转型。

二是中央财政转移支付力度空前，地方财政保障有力，极大地促进了地方公共支出结构趋向合理。比如，荆县地方教育财政支出从 2008 年的 1 亿多元增加到 2014 年的 3.44 亿元，六年之间增幅达到 240%。教育费

用支出占公共财政比例为16.7%，超过了国家规定的标准。2015年，荆县地方公共财政支出中，教育、科技、卫生、文化和社会保障五项支出占比超过35%。

三是各类服务标准不断提高，形成了地方政府之间服务竞赛，开始扭转了地方政府的政绩考核标准。比如，荆县2014年分散供养对象年供养经费由原来的1600元/人提高到2100元/人，集中供养对象年供养经费由原来的2100元/人提高到3600元/人，增幅分别达到31.5%和71.4%。城乡低保对象救助比例由原来的50%提高到60%；农村五保供养对象和城镇"三无"集中供养对象救助比例由原来的80%提高到100%；城乡"低收入家庭"成员患大病，救助比例由原来的40%提高到50%。每年政府工作报告的最大亮点就是"十件民生好事"以及在此方面的成绩。

四是基本公共服务全覆盖程度较高，加快了全面建成小康社会的进程。例如，荆县医疗救助城市低保对象参保率、农村低保对象以及五保对象参合率达到3个"100%"。农村基本公共卫生服务项目12项在农村全面覆盖。县乡看病报销比例大约85%。在教育方面，不断拓展服务范围，尤其是根据社会需求，加强了对幼儿园的投入。2015年底每个乡镇都确保新建有1所公办幼儿园。适龄幼儿学前三年毛入园率达到73%。

五是通过基本公共服务的城乡均等化，直接加快了城乡一体化进程，加速了二元体制的解体。比如，在医疗卫生服务领域，积极推进组建医疗联合体，创新县—乡—村医疗一体化体制。在市—县医疗机构之间，甚至在县—乡—村的医疗机构之间实行上挂下联建立紧密型医疗联合体。教育方面，促进教师资源的流动和均衡配置。如，实行校长定期交流制度。对乡村教育实行"订单式"服务和"结对式"帮扶制度，坚持"走教"教师制度等。

这样的结论有利于我们正确认识地方改革实际情况，并理性制定政策。一方面，中国"十二五"期间的基本公共服务赶超战略应该是成功的。对于我们这么大一个国家，由于地域辽阔，各地情况差异大，如果把最发达地区与最不发达地区相对比，公共服务不均衡状态仍然非常突出，均等化任重而道远，还需要加大力度，加速一体化进程。但是，如果从一个地区范围看，不论是一个地级市范围，或者一个省区的范围，基本公共服务均等化的成效是显著的，中国政府在这么短时间内取得的成绩值得赞叹。正如胡鞍钢等人指出："中国成功编织起世界规模最大、覆盖人口数量最多、保障类型比较完整、保障水平较好地满足受保障群体基本需求的社会保障网络，真正实现了'社会保护的新跃进'"。[①] 另一方面，在新形势下，为实现全面建成小康社会的奋斗目标，在坚持基本政策趋向的同时，下一步的政策重点应该是从赶超战略转向制度完善、更大范围的一体化和优质服务，并注意节约资源和提高服务效率。

（二）基本公共服务均等化的实现路径具有中国特色，符合中国国情

一是符合历史发展进程与国情的顶层设计具有决定大局的重要地位。"忽如一夜春风来，千树万树梨花开"。一个比较偏僻而又不富裕的山区县都发生了显著变化，可以"窥一斑而见全豹"，中国各个地方都在同样地快速变化着、进步着，乡村和落后地区的基本公共服务的总体水平得到迅速改观。其中主要的原因是"推进基本公共服务均等化"等"共享发展"大政方针的正确的顶层设计。要发挥好举国体制的优越性，前提必须是用制度来保证顶层设计的正确性，能够正确把握时代发展主题，坚持人民主体地位，符合人民根本需求，推进国家治理体系和治理能力的现代化。

二是符合"领导重视—争取政策和上级支持—以行政动员和投入为主导"这一地方改革的基本路径。从全国改革的路径看，基本规律应该是"政策倡导—试点和典型示范—推广和创新"三部曲。从地方政府具体的推进和落实的一般规律看，基本路径模式是"领导重视—争取政策和上级支持—以行政动员和投入为主导"。第一步，必须是地方领导对改革政策的高度认可和重视。基本公共服务的特点是投入大、见效慢，很难成为地

---

① 胡鞍钢等：《"十三五"时期我国社会保障的趋势与任务》，《中共中央党校学报》2015年第2期。

方政府领导的政绩亮点，如果地方政府主要领导人仍然热衷于传统的 GDP 政绩工程，不重视民生，基本公共服务就可能是"口惠而实不至"。因而，各项基本公共服务的主管部门第一步就是争取领导重视，提高当地领导者对此工作重要意义的认可和支持，并成立领导小组。第二步，就是争取政策和上级支持，包括上级省、市政府和本系统上级部门的支持。其中一种有效的途径就是争取成为上级政府或者本系统的改革试点或者典型，因为这样既可以争取到优惠政策、大量的专项资金等资源，还可以通过上级领导和部门加大对地方领导者的督查，加强地方领导的重视。第三步，就是以行政为主的动员和资源投入。基本公共服务均等化的赶超绩效主要靠各级政府的大量行政投入，包括大量增加财政预算和转移支付、增加服务基础设施的建设、强化组织机构和人员队伍等，是对原来的政绩观、财政体制和行政组织体制的改变，方式上可能创新不大，但是内容上变化显著，具有一定的进步意义。

（三）建立和完善了有效推进工作的压力和动力机制

一是基本公共服务指标纳入了自上而下的绩效考核机制，成为首要的压力和动力机制。中国政府体制是一种压力型体制，地方政府改革的压力和动力首先来自于上级的政策、法律、行政命令和绩效考核。其中绩效考核是一种直接性、综合性、规范性的压力和动力机制。一方面，中央号召树立正确的"政绩观"，逐步把民生指标纳入政绩内容，地方政府绩效考核中的基本公共服务指标越来越多、越来越具体；另一方面，一些基本公共服务方面的改革成效也成为地方政府改革的亮点，尤其是经济发展上不占优势的地方政府，会转向寻求民生建设的亮点，成为地方改革的新政绩。

二是社会参与日益扩大，现代治理机制逐步形成。基本公共服务均等化的需求主体是社会群众，群众需求表达和参与的增多加强了地方政府改革的压力和动力。一方面，不断加强的群众路线教育和吏治从紧，使地方政府领导的现代治理意识在增强，政务公开、听证会、民主协商、简政放权、权力清单、负面清单等成为改革的热点，群众的维权意识、需求表达能力得到增强，因而形成了地方政府的不断深化改革的新的动力和压力。比如，加快了幼儿园的建设、各种社会保障标准的提高、医疗服务方式更加便捷高效、文化服务要有针对性实效性等等，都是响应人民群众呼声而完善的内容。在一年一度的政府工作报告里，最大的亮点、热点和重点就是"十件民生好事"。另一方面，扩大社会参与也是地方政府解决难点的一种有效方法。地方公共服务中面临许多难点，比如，财政投入不足、服务人员不够等，就会主动地动员和吸引社会资源参与，积极探索政府与市场（企业）的合作，坚持"政府—个人—社会"三结合的机制。

（四）公共服务方式得到有效的改善，创新能力普遍提高

提供更加便捷优质的服务方式和服务平台，也是均等化的重要内容，而且是更重要的"服务质量"均等化的要求。从一个偏远山区乡村改革实践证明，优化服务方式不存在城乡地域障碍和经济发展水平明显制约，而主要取决于管理制度的完善。

一是树立了文明、公平、细致化的服务理念。比如，注意有效保障弱势群体和特殊人群的基本文化权益。公共文化服务设施设置开始体现重视方便残障人士以及老年人、少年儿童的活动区域和服务项目。图书馆配备设备和资源，开展面向盲人的特殊服务。开展医疗服务便民行动，实行主动服务和上门服务，开展慢性病管理、健康管理、巡回医疗等服务。优化医疗机构诊疗服务流程，推行预约挂号系统，落实双向转诊制度，加强医患沟通，实施住院病人陪护服务和加强陪护人员管理，使广大患者花最少的时间、精力和金钱，享受到最满意、优质和快捷的服务。

二是加强了服务对象的满意度评价环节。比如，在养老保障方面，启动农村福利院星级管理工作，对各乡镇农村福利院的基础设施、功能配备、规范管理、服务水平等方面提出明确要求。开展服务创新，不断提升质量。规范服务护理程序。细化服务环节，细化护理细则，明确服务人员包保3—5名院民，实行"三主动"服务：即主动多上门（到老人房间去）、多动嘴（和老人交心谈心）、多动手（帮老人洗衣、叠被、洗脚、修指甲等）。

三是加大了现代科学技术的应用，不断提高服务的便捷性。比如，在公共文化服务中，推进全国文化信息资源共享工程建设，实现了"村村通"；基层群众可以通过多种方式使用文化信息资源及享受数字图书馆、数字文化馆、数字博物馆、数字美术馆等资源服务；建立网上图书馆、网上博物馆、网上文化馆。在看病住院方面，医院普遍重视优化服务流程。搭建了区域信息共享平台，建立远程会诊系统，开展网上咨询、预约服务，实行"一卡通"。

（五）基本公共服务均等化推进中还面临着许多新的问题和挑战

一是服务社会发展形势变化带来服务需求与供给之间新的不平衡。比如义务教育领域的拓展、人口流动带来的城市教育资源紧张、现代网络时代对公共文化的新需求需要及时调整供给内容和方式、落实消灭贫困任务需要精准扶贫的有效实现方式等。

二是资金保障压力越来越大。原来的赶超式战略主要是靠向上级要政策和资金，大量的投入主要是转移支付、专项资金和地方匹配财政投入。主要解决了基础设施建设、基本载体和平台建设，今后的运转和维护主要靠地方政府投入，如果经济进入新常态，地方财力紧张，就会影响到持续稳定的运转。

三是队伍建设需要加强。在乡村地区，人才难留，专业人才缺乏，人员流动太快，加剧了城乡之间人才的不均衡，进而直接影响城乡之间公共服务能力、服务质量的不均衡。

四是基层群众参与不够，影响农村现代治理和服务的发展进程。一方面是地方政府动员群众不够，以行政主导为主，群众缺乏知情权、决策参与权、监督权，形成了群众等、靠、要思想；另一方面是农村人口流动，基层精英人员外出，留守人员以老年、妇女、儿童为主，很难实现现代参与式治理。

五是乡村市场主体发育还不够，公共服务市场化、社会化运作环境还不够成熟。政府购买服务、政府与市场合作机制、以钱养事等机制还有待逐步推行和完善，基层政府存在任务重、职责繁杂与力量少、权力小、能力弱之间的矛盾。

二、政策建议

（一）坚持效率与公平兼顾，防止改革出现倾向性偏差

一方面，必须坚持共享发展理念，保障基本民生，更加重视社会公平，进一步完善基本公共服务均等化。这是由中国的社会性质和发展阶段性特征所决定的。首先，从价值理性角度分析，我们是社会主义国家，从制度本质和目的看，我们必须重视改善民生，必须坚持人民主体地位，要高举构建和谐社会、全面建成小康社会、实现中国梦的旗帜，重视均等化发展和共享改革成果。正如习近平总书记所讲，"人民对美好生活的向往就是我们追求的目标"。因而，我们的基本公共服务范围需要广一些，均等化程度需要高一些，政府的职责需要多一些，公平与正义的价值观更需要坚持和体现。过大的贫富差别和地区发展差别，过高的基尼系数，城乡之间基本公共服务的过分不均衡等，不应是社会主义国家的正常现象，也不是改革开放的目标。其次，从工具理性角度分析，社会转型和快速发展带来了大量的不稳定因素，直接影响到执政的合理性和政府的公信力。正如亨廷顿所说："现代性产生稳定性，而现代化却产生不稳定性"。[1] 关注民生，推进基本公共服务均等化，有利于有效改善干群关系，优化政府形象，提高人民满意度和期望值，有利于减少社会冲突，构建和谐社会。

另一方面，还必须坚持"发展是第一要务"，解放和发展生产力，保持整个经济社会发展的高效率。首先，我们毕竟还是一个发展中大国，还长期处在社会主义初级阶段，不论是国内全面建成小康社会、建设幸福中国，还是加强国际上的竞争，稳固中国在世界上的大国地位，都必须靠各方面的实力，尤其是经济实力。因而，必须保持清晰头脑，坚持发展是第一要务。其次，从推进国家治理现代化的要求看，推进基本公共服务均等

---

[1] ［美］亨廷顿：《变化社会中的政治秩序》，王冠华等译，生活·读书·新知三联书店1989年版，第43页。

化也必须要科学理性，要避免"幸福政绩工程"，避免走向"平均主义"，避免加剧社会的"仇富"心理。

如何通过具体机制保障做到兼顾效率与公平是下一步改革的关键。政策具体取向要考虑三项原则：公平、成本承担和可持续性。一是公平，首先是指机会公平，这是前提和根本，机会公平比平均分享更重要。要在制度和机制上保障机会平等、起点公平。保障人民平等参与、平等发展的权利，防止权力垄断和财富垄断，反对特权；培育自由、公平、竞争的社会大环境，充分尊重个人的梦想和追求，尊重个性发展，鼓励创新，创造宽松环境。其次，就是重点关注和保障弱势群体的权益，均等化要有重点、有差别，要守住底线，保障基本民生。所谓"基本"就是基本权益、基本底线、基本财力和基本人群。在财力有限的情况下，要减少"撒胡椒面"式的"皇恩浩荡"，要避免"广种薄收"。如，住房保障只保障少数低收入群体，因为住房本质上属于私人产品，该制度的定位是社会保险类别，不应该过分扩大，不是地方政府修建的保障房越多越好。其实，医疗、文化等服务的基本面也不一定越大越好，制度安排需要让富裕家庭和高收入人员减少对公共基本费用的占用，因而，可以根据收入状况有差别地服务收费，更需要鼓励自费解决（比如，鼓励优质的收费性医疗机构和学校存在）。二是成本承担的多元机制。成本承担应该坚持国家—市场（企业）—个人（家庭）三结合。福利多元主义理论已经做出了充分的论述。基本公共服务政策的制定和实施不能由国家大包大揽，除政府要承担必不可少的职责之外，人民的福利还可以通过就业从劳动力市场上获得，家庭也有重要功能，三者互为补充。三是可持续性。不仅要保证"细水长流"，保持弹性，逐步递增（可以慢些增长，但是如果下降就可能带来怨言和不满），还包括具有重要的跨代公平内涵。特别注意，应该坚持理性的均等化或者理性扶贫。贫穷有绝对贫穷，更有相对贫穷，是一个动态标准。可以说消灭绝对贫穷，但不能消除所有贫穷。值得注意的是过头的福利或者平均主义反过来会导致总体效率的下降，最终损害公平。正如罗尔斯的《正义论》强调，第一个原则优先于第二个原则，即首先要保证自由和效率，然后去实现有差别性的公平，这才是完整的正义。习近平总书记讲到"共享发展"，强调是"全面共享""全体共享""共建共享"和"渐进共享"，就是一种科学辩证和理性的认识，具有指导意义。

（二）坚持兼容并蓄，积极借鉴吸收世界经验和教训

我国的"赶超式"投入和行政化为主导推进的路径选择是符合我国实际的，具有现实可行性。但是也存在一些问题：如政府负担加重，社会依赖心理增加，社会动员还不够，公民和市场主体参与有限，多元治理还需要加强，等等。应该进一步借鉴国际经验，尤其是西方发达国家的经验和教训，坚持内外结合，兼容并蓄，取长补短，探索中国特色的现代治理之路。

首先，要对欧洲福利国家的问题以及他们的转型改革给予关注。当前的欧债危机加快了欧洲传统福利国家的转型改革，改革的大趋势就是推动福利转型，恢复劳动力的弹性，减轻企业负担，减少政府的开支和负担，以期治疗过分的平均主义和过重的福利依赖症。其实，欧洲许多政治家早就意识到改革的必要性，但是，在选民政治环境里，改革者往往步履艰难，常常出现"谁改革谁下台"的困境。例如，德国的施罗德 2005 年因推行《2010 议程》而下台。《2010 议程》的主要内容是：退休年龄从 63 岁提高 67 岁；失业保险金领取时限从 2—4 年缩减为最多 12 月；减少失业金的工资替代率；取消失业救助金；放松企业解雇员工的条件；降低雇主在社会保险缴费份额中的比例等。西方的选民政治，存在不同的利益群体博弈和多种抉择。资本与工会、妇女和儿童、年轻人与老年人等，加上不同的历史文化，都会影响改革的健康推进。例如，法国，每次改革都会遭到大规模的反对。甚至出现激烈的社会对抗，导致改革常常半途而废。2006 年爆发的抗议旨在增强企业雇佣制度灵活性的《首次雇佣合同法》大游行，全国有 300 万人参加，导致法案暂不执行。

中国的优势条件之一就是政治制度。中国共产党的领导代表最广大人民群众的根本利益和长远利益，既能集中人力物力办大事，又能把眼前利益与长远利益有机结合起来，这是中国的政治优势。中国共产党有执政权

威，更容易推进改革，只要有科学的顶层设计，有坚定的高层领导决心，各项改革就一定可以推进到位。与欧洲改革方向不同，中国是快速增加社会福利，加大公共服务的供给，努力推进基本公共服务均等化。毫无疑问，中国需要坚持这样的共享发展的改革方向，但是，一定要防止矫枉过正，超越历史发展阶段。中国是一个人口多、底子薄、转型压力大、发展中的大国。在推进公共服务均等化进程中，应该切实吸取欧洲一些国家的教训，避免步其后尘。

其次，应该适当学习借鉴美国的"补救型"公共服务政策，正确处理好政府—企业—公民三者之间的关系，保持三者之间的责任平衡，维持市场化的地位，保持劳动力的弹性，保持市场主体的生机和活力。以美国为代表，将社会福利体系分为三类：一是公共救助，其对象范围仅限于穷人，内容主要包括对贫困家庭的临时救助、医疗补助、补充保障收入、食品券、学校午餐和早餐以及一般救助；二是社会保险，其目的是预防贫困，包括社会保障、主要针对老年人的医疗照顾、失业补偿金和工人赔偿金，费用主要来自于雇主和工人共同缴纳；三是社会服务，主要是为儿童、独自生活的老人、残疾人和其他需要特殊服务的人提供照顾、教育和其他形式的援助，具体服务形式有儿童保护服务、日常照顾、家庭主顾服务、职业培训、职业恢复等。[①] 从实际情况看，欧洲的福利国家从20世纪90年代开始，就逐步推行了社会保障政策的变化，就是在借鉴英美的盎格鲁—萨克森模式。例如，瑞典一直是世界上福利最全面、最慷慨的国家之一。但是，从20世纪90年代开始，瑞典已经采取了一系列的社会保障收缩性变革，降低津贴，包括医疗津贴、失业津贴等。养老金和失业保险项目也在变化，降低了普享型非缴费的基本养老金的数额。这些变化预示着瑞典的社会保障制度开始从公民制转向社会保险模式。美国的一些做法和运行机制值得中国借鉴。

---

① ［美］戴安娜·M. 迪尼托：《社会福利：政治与公共政策》，何敬等译，中国人民大学出版社2007年版，译者序第5页。

（三）在公共服务中处理好公益性与市场化的关系

基本公共服务均等化制度设计的许多方面都强调要加入市场化机制。实践中许多市场化机制运行较好。比如，在吸引社会投资方面，地方政府会加大宣传和动员，提供优惠条件，鼓励企业和社会的投入，减轻政府负担和财政压力。如教育服务方面，扩大社会助学力量，来自企业和公共组织的资助金额越来越大；在农村基本卫生服务中，采取了政府采购模式和基本药物招标制度；公共文化服务中，通过以钱养事方式实现公共文化下乡（送电影、送戏和送图书等）；新农合的基本运作机制就是"政府—个人—企业"三结合，也加入了市场化机制；幼儿园、福利院等建设和运行中也有政府与市场相结合；等等。坚持多元主体福利、政府埋单市场化运作、加强竞争机制等，都是不同程度地引进了市场化机制，在很大程度上提高了服务效能，降低了政府成本，遏制了权力腐败等。

但是，从改革的实际进程看，市场化机制也存在反复，甚至不同的认识。最典型的事例就是乡镇卫生院的来回改制。先后经历了两个阶段：第一阶段大致是20世纪90年代中后期和21世纪初期，基本的改革趋向就是以市场化为主，大多数地方的乡镇卫生院改制为民营化或者个人承包，改革的主要成效是降低了政府成本，提高了医疗服务效率，总体上扩大了卫生服务资源等。但是也随之出现了许多问题，如存在恶性竞争、市场混乱、群众医疗成本大增、国有资产流失等，引起了社会的不满。问题的实质症结是，某些地方政府发动改革的动机与目的，就是为了甩财政包袱，而不是遵循社会发展的正确方向，本身就是一种错误的行为。因而，大致从2010年开始，改革又开始转向，即乡镇卫生院回归公办，重新购买回来，统一实现了公办性质，并且大幅度加强了基础设施建设和人才队伍建设，成为农村公共卫生服务的主要平台。这样的回归，合理性显而易见，保障了公共卫生的公共性，尤其是配合了新农合，减轻了群众负担，便利了群众看病。但是，也有新的问题，如政府负担加重、农村医疗卫生的社会市场资源投入减少、乡镇卫生部门垄断、小病大治、医疗资源存在浪费等。

因而，在基本公共服务供给中，要正确认识公益性与市场化关系，处理好政府与市场、政府与个人之间的关系。首先需要厘清政府的责任边界，哪些是政府的责任，哪些是市场和个人的责任。其次，研究履行责任的路径与形式。最后，研究效率与监督环节，建立合理有效的多元治理模式。基本公共服务均等化改革具有历史阶段性，不同的阶段，改革的侧重点会有所不同，不能简单地去否定或者肯定。十几年前，为了破除计划经济的藩篱，需要在各项改革中坚持和提倡市场化、民营化、多元化的价值取向；随着市场化的发展和成熟，价值取向需要调整，公益性、均等化、加强政府服务职能等就成为需要强化的内容。公共服务产品具有公益性或者公共性，是政府的不可推卸的责任，不论是建设服务型政府还是维护社会的和谐稳定，都需要加强政府的公共服务职能。市场经济越发达，政府的公共服务职能越要加强。对于公共产品来说，政府是最终的责任人，但生产和服务主体可以实行市场化，可以将不同的环节分配给非政府组织或私人去完成。民营化、市场化的多元服务方式，不仅有助于缩小政府规模，降低政府成本，而且能够提高公共服务的竞争性和效率。符合国家治理体系和治理能力现代化的要求。应该坚持政府服务职责公益性与服务方式的市场化相结合。既不能片面引进市场化、民营化，推卸政府责任，最终损害人民的基本利益；也不能排斥市场化等方式和机制，形成新的政府垄断和职权膨胀，最终也会导致低效率和服务不优。

坚持政府主导下的多元供给主体和供给方式。首先，要积极推进或者促进多元供给。在基本公共服务供给上要坚持公益性至上，既不能全盘市场化，也不能回流于传统的政府包办，应该鼓励和逐步推进社会力量参与公共服务产品的生产和供给，实现政府主导下的供给主体的多元化和供给方式灵活化，有选择地逐步推进政府采购、委托生产、项目外包等供给形式。比如，在乡村范围，社区和村委会也可以成为基本公共服务的供给主体，各级政府和部门要积极地开展面对基层组织的购买服务，逐步减少和改变政府对基层社区行政化的直接管理方式，逐步转向通过购买服务等间接方式为社区提供服务和投入资源。这样，既有利于尊重和完善基层自

治，消除过度行政化趋势，也有利于促进社区组织的健康成长，避免等、
靠、要思想，推进社区的现代公共治理发展。可以引入竞争机制，面向市
场，采取政府采购、项目补贴、定向资助、贷款贴息、税收减免等政策措
施鼓励各类企业和社会组织参与公共服务，通过集中配送、连锁服务等多
种方式，有效解决公共产品供给问题。在政府加强监管的前提下，积极支
持社会资本投资生产并提供公共产品和服务。

表7-1 政府购买养老服务的类别与形式①

购买形式	服务类别	机构所有权	购买内容	购买方式	受补贴方
公建民营	机构养老服务	政府	机构运营+服务项目	资金支持	生产者
民办公助		民间组织	机构开办+机构运营	资金支持	生产者
服务外包	社区居家养老服务或机构养老	政府	服务项目	资金支持	生产者
服务券		政府	服务成本	代币券	使用者

其次，还要注意避免过度市场化。托宾（James Tobin）在1970年提
出了"特定的平均主义"原则：卫生保健、公共医疗、基础教育等，这
些都属于稀缺性的公共资源，应当实现"特定平均性"的分配。完全通
过私人或竞争的方式提供，可能会使市场分层分类，虽然会提高生产效
率，但会变成只是迎合部分接受者的需要而无法真正体现公平，从而导致
许多公共服务的生产往往因考虑公平的因素而不得不转向采取低效率的生
产组织方式。②

另外，基本公共服务均等化的推进方式和路径，要坚持普遍性与地方
特殊性、普惠性与层次性和选择性的辩证统一。

① 章晓懿：《政府购买养老服务模式研究：基于与民间组织合作的视角》，《中国行政管理》
2012年第12期。
② 孙士鑫：《构建农村公共文化服务体系的基本理论分析》，《当代经济》2011年第7期
（上）。

(四) 加快地方政府职能转变，完善投入保障机制

中国经济发展进入新常态，GDP增速放缓、地方财政压力加大是一种大趋势，而且可能不是短暂现象。从宏观上看，地方政府可能会普遍性存在财政困难，而公共服务的均等化及其提质增效又必须依赖于财政的持续投入，怎么办？政府是不是需要重新审视自己的历史使命和职责定位？并进而调整和完善从中央到地方的财政体制？

一是需要切实转变地方政府的职能定位。地方政府（尤其是县乡政府）神圣而最主要的职责，甚至是第一任务，就是向广大城乡社会提供均等化的公共服务，以满足人民群众不断增长的物质文明与精神文明需求，从而推动人类社会的持续进步。地方政府应该从无所不包、无所不管的无限责任中退出来，特别是从直接参与经济发展的第一线中退出来，把财政税收主要、优先用于均等化的公共服务。

二是改革财政体制，从制度上保障基本公共服务的投入。（1）建章立制保障政府的投入增长。一方面要做好"加法"，增加公共服务供给，合理提高基本公共服务支出比例；另一方面，要做好"减法"，即减少行政开支，尤其是减少"三公经费"。加强人大对财政预算监督约束，实现预算编制科学化、合理化和精细化，预算审查程序化和民主化，预算执行公开化和透明化。（2）进一步完善中央财政和地方财政分项目、按比例分担的经费保障机制。明晰中央和地方财权和公共服务责任的划分；财政支出结构应以公共服务均等化为主要目标；以增强基层财政保障能力为重点，推进县乡财政体制改革。尤其要建立公共财政体制，实现基本公共服务投入与地方经济发展脱钩，欠发达地区的公共服务投入反而要多些。保持地方政府财权与事权的平衡，增加中央财政在基本公共服务项目中的支出比例，强化转移支付对于基本公共服务均等化的作用。十八届三中全会决定指出：完善一般性转移支付增长机制，重点增加对革命老区、民族地区、边疆地区、贫困地区的转移支付。建立事权和支出责任相适应的制度。部分社会保障、跨区域重大项目建设维护等作为中央和地方共同事权，逐步理顺事权关系。

三是推进投资主体多元化、融资渠道社会化、项目建设市场化，构建以公共部门为主体、多种社会组织共同参与的发展格局。落实社会组织、机构和个人捐赠以及兴办公益性公共服务事业的税收优惠政策，促进企业及民间对公共服务领域增加投入。通过制度创新，实施激励政策，如通过减免税收、降低利息等方式增加其他市场主体对公共服务建设的投资热情。拓宽经费筹措渠道。比如，专项教育资金可以从当年以招标、拍卖、挂牌或者协议方式出让国家土地使用权取得的土地出让收入中按照一定比例计提。福彩、体彩公益金收益等资金要有一定比例用于教育设施建设，新建住宅小区必须按规划配套建设义务教育学校、幼儿园等。

（五）扩大社会群众民主参与

一是要提高农民的主体意识和治理能力。基层党委和政府有责任加强宣传和教育，要让广大群众意识到，自己不仅是公共服务的受益者，也是公共服务的参与者，还是一些公共服务内容，如公共文化的创造者，要提高他们的自觉意识和自信活力。政府向基层组织和社会群体购买服务是一种鼓励群众参与的有效方式。一方面，政府部门可以根据地方基本公共服务重点，有针对性地实行面对基层的服务项目公开招标，引导基层组织参与，增强基层组织的共治功能和凝聚力；另一方面，也可以鼓励基层组织积极主动与群众开展共治，切实了解群众的服务需求，从而制定出有个性的社区群众服务活动方案，并以此申报服务购买项目，相关部门审核通过后实行奖励。

二是通过完善民主决策机制和政务公开等途径扩大群众的参与权和知情权。重要的基本公共服务事项，有关服务内容、服务对象、服务标准、服务方式以及监督考核等各项内容，都需要公开，接受群众监督，从决策到执行等各个环节都要有社会民众参与的具体要求。

三是推进现代治理，变直接服务为间接服务，扩大群众参与途径。许多公共服务产品的生产供给都可以通过政府搭台，群众唱戏，政府埋单方式，让群众来组织和参与。例如，在公共文化方面，要变"送文化"为"种文化"，变"直接送"为"间接送"，由原来的上面送戏变成农民自己订戏、自己演戏，政府送赞助费、送补贴、送奖金。通过资助乡间文化团体、组织比赛和评奖、服务订购等方式激活农村文化市场。鼓励农民自办文化。应通过民办公助、财政补贴、政策扶持，引导和鼓励农民群众自编自演各种具有浓郁地方特色和乡土气息的文艺节目，让更多的农民群众参与到文化活动中来，实现文化在基层生根发芽，这才是农村文化生机繁荣的内生机制。

为群众提供基本公共服务，不仅不应该让人民群众感恩戴德，这是公民的基本权益，是改革成果的共享，而且还要加强服务公开，接受人民群众的监督，充分体现主人翁的地位，以人民的满意度来衡量政府及服务机构的服务质量。

（六）进一步优化服务方式，提高服务水平

政府不仅要为人民提供均等化的基本公共服务，而且还要竭力追求优质的服务、人民满意的服务。优化服务方式是提升和体现政府现代管理水平的需要。也是保障人民权益，体现以人为本的需要。优化服务方式，提高服务水平的总体标准包括"高效""廉价""公开""便捷""尊重"等，具体讲既有服务理念、服务精神和服务态度等软性条件，也有环境舒适、技术先进等硬件条件。

一是要转变政府部门的服务理念，提高公务员的服务素质。坚持基本公共服务的公益性、社会性至上，正确处理好公益性和经营性的关系。二是要拓宽服务领域，优化服务流程。适应社会群众的需求和服务内容变化，开展多种形式的便民行动。如，普遍在农村社区设立服务站点，拉近服务距离，降低群众的办事成本。三是要提供现代服务技术。积极推进互联网＋服务。搭建信息共享平台，开展各类公共服务的网上咨询、预约服务，实行"一卡通"。如在医疗服务方面，推行电话预约、网上预约、便民服务热线等。建立新农合、公共卫生及区域电子病历等数据中心，各级医疗机构的信息管理系统与居民电子健康档案实现互联互通，可以跨行政区域实现门诊电子病历、门诊处方、住院电子病历等重要医疗就诊信息和公共卫生服务信息共享。在公共文化服务方面，在乡镇综合文化站建设文化信息资源共享工程，群众可以通过多种方式使用文化信息资源及享受数字图书馆、数字文化馆、数字博物馆等资源服务。四是完善投诉受理机制。建立以服务数量、服务质量和群众满意度为核心的绩效考核体系。强化管理监督责任。

（七）强化基层组织建设

乡镇和社区是基本公共服务均等化的直接落实者和推动者。要重视和加强基本公共服务均等化就必须要重视和加强基层组织建设。

一是下沉和扩大基层的公共服务职能。十八届三中全会报告指出："对吸纳人口多、经济实力强的镇，可赋予同人口和经济规模相适应的管理权"。乡镇政府的扩权，主要是要扩大和保障基本公共服务职权，如义务教育、公共卫生、公共文化、社会保障、民政、社会建设等方面的职权；还要增加新型城镇化服务类职权，如市政建设、公共交通、绿化、照明、垃圾处理等方面的职权。另外，还要进一步加强城镇社区、农村社区等基层组织建设，把公共服务资源向基层下放和沉淀，推行服务下乡，使其同基层政府一起有效承担起履行公共服务的职能与责任，这是城乡一体化和均等化的一个重要的组织体系和任务体系。

二是要重构公共服务体系。当前，农村的专业人才和服务组织不是多了，而是少了。基层政府机构和事业单位（服务中心）需要重新建设。首先，分解扩大政府机构。如分解"社会管理办"，组建具体的公共服务机构——建设规划、市政管理、民政、社会保障、公共卫生等办公室。其次，分类改编"服务中心"，一方面，可以把部分中心改制为乡镇政府二级机构或者公益性事业单位，并设置事业岗位和公益岗位，按照加强基层公共服务和城乡一体化的要求，重新界定乡镇的公共服务职能，人员实行事业编制与聘任制相结合。另一方面，在服务方式上坚持推进和完善购买服务，提高服务效率，优化服务方式。政府与公益性质的服务中心之间，可以以购买服务方式的方式代替直接行政压力方式，通过签订合同，实行责任制和目标管理，以实行市场化、社会化运行，充分调动基层单位的积极性。

三是加强专业队伍建设。对扎根乡村、服务农民、艰苦奉献的各类服务人员，包括志愿者队伍，要切实提高他们的待遇水平，落实工资倾斜和绩效工资政策，实现在岗人员工资收入与基层事业单位人员工资收入平均水平相衔接。

三、坚持共享发展的新机遇

中国的基本公共服务均等化，或者进一步说是全面建成小康社会和坚持共享发展，虽然仍然面临许多新的挑战和问题，但是更具备了良好的机遇和条件。

一是有"共享发展"理念的科学指导，有利于形成科学的顶层设计和政策指导。十八届五中全会提出"坚持共享发展"理念，基于对以往改革理论的发展和改革实践的经验总结，更加科学全面。其基本原则和理念可以阐述为几个方面：（1）坚持人民主体地位。坚持共享发展，必须坚持发展为了人民、发展依靠人民、发展成果由人民共享，使全体人民在共建共享发展中有更多获得感，增强发展动力，增进人民团结，朝着共同富裕方向稳步前进。（2）科学全面，兼顾效率与公平。首先强调"人人参与、人人尽力"，然后才是"人人享有"。既包括"共享发展成果"，实现全体人民共同迈入全面小康社会，也强调"注重机会公平"。（3）强调构建科学的体系和更有效的制度安排。指出要做出更有效的制度安排；要坚守底线、突出重点、完善制度、引导预期，注重机会公平，保障基本民生，实现全体人民共同迈入全面小康社会。

二是处在全面建成小康社会的攻坚阶段。在加强基本公共服务方面，中央政策会更加坚定，制度安排会更加具体。比如，十八届五中全会明确提出两项突出要求：（1）增加公共服务供给，从解决人民最关心最直接最现实的利益问题入手，提高公共服务共建能力和共享水平，加大对革命老区、民族地区、边疆地区、贫困地区的转移支付。（2）实施脱贫攻坚工程，实施精准扶贫、精准脱贫，分类扶持贫困家庭，探索对贫困人口实行资产收益扶持制度，建立健全农村留守儿童和妇女、老人关爱服务体系。

　　三是提出和切实推进"四个全面"战略，将带来中国的全面发展和深化改革，有利于顺利跨越"中等收入陷阱"和"发达国家陷阱"，将加快推进国家治理体系和治理能力的现代化进程，构建起最重要、最稳定、最管用的现代制度保障，为继续深化各项改革，包括基本公共服务改革，营造出越来越优质的大环境，开创一个新时代。

荆县基本公共服务均等化状况调查问卷

调查时间：_____年____月____日

调查地点：_____

问卷编号：_____

尊敬的朋友，您好！

感谢您在百忙之中参与我们的调查。

关注民生，促进基本公共服务均等化是构建和谐社会的重要内容，也是当前各级政府的工作重点，直接关系到人民群众的幸福度。本调查的目的是了解荆县政府和各级部门在民生工作方面的实际进展状况，特别是您的深切感受和意见建议，以便为国家相关政策的制定和完善的提供参考。

本次调查以不记名的方式进行，调查的结果仅供研究之用，我们将替您严格保守秘密，您不必顾虑。没有特别说明的都是单项选择。

衷心感谢您的支持与合作！

一、基本信息状况（请在选项前的□内打"√"）

A1. 性别：　　　　　□（1）男　　　　□（1）女

A2. 年龄阶段：　　　□（1）24 岁以下　□（2）25—45 岁

　　　　　　　　　　□（3）46—60 岁　□（4）61 岁以上

A3. 户籍身份：　　　□（1）本县户籍　□（2）非本县户籍

A4. 职业：　　　　　□（1）公职人员　□（2）务农人员

　　　　　　　　　　□（3）城市打工人员□（4）学生

A5. 居住地： ☐（1）县城 ☐（2）集镇
☐（3）农村

二、基本公共服务总体情况调查

B1. 您认为地方政府在农村基层最重要的工作事项是（可选1—3项）（ ）。

（1）招商引资，发展经济

（2）搞好教育、医疗卫生、社会保障等民生服务

（3）加强社会治理和维稳工作

（4）加强基层民主建设

（5）保护生态，优化生活环境

（6）加强干部队伍和作风建设

（7）加强精神文明建设

（8）加强基础设施建设

（9）搞好农业服务

（10）其他_____

B2. 近5年本县农村地区进步最大的内容是（可选1—3项）（ ）。

（1）交通通信等基础设施 （2）住房条件

（3）义务教育 （4）医疗卫生服务

（5）公共文化活动 （6）社会保障

（7）社会治安 （8）生态环境

B3. 对下列政府工作事项的社会满意度（在选项内打√）。

	满意	基本满意	不满意
（1）义务教育服务			
（2）医疗卫生服务			
（3）公共文化服务			

(4) 社会保障服务			
(5) 社会治安管理			
(6) 住房保障			
(7) 基础设施建设			

B4. 与 5 年前相比，城乡之间基本公共服务水平差距状况（　　）。

(1) 缩小了　　　　　　　　　(2) 扩大了

(3) 基本没变化　　　　　　　(4) 不清楚

B5. 您是否了解中共十八届五中全会提出的"五大理念"中的"共享发展"基本内容？（　　）

(1) 比较了解　　　　　　　　(2) 略微知道一些

(3) 知道概念，但不了解具体内容　(4) 完全不知道

三、义务教育均等化状况调查

C1. 您对本县义务教育最关注的内容是（　　）。

(1) 实现城乡均衡化　　　　　(2) 改善办学条件

(3) 降低教育成本　　　　　　(4) 加强学校安全

(5) 提高教学质量

C2. 您对全县义务教育相关内容的满意度（在选项内打√）。

	满意	基本满意	不满意
(1) 城乡均衡化			
(2) 教学质量			
(3) 办学条件			
(4) 教育成本			
(5) 学校安全			

C3. 需要政府下一步全面免费提供的教育内容首选是（　　）。

(1) 幼儿教育　　　　　　　　(2) 高中教育

(3) 大学教育　　　　　　　　(4) 继续教育

C4.　您对本县各类教育管理和服务的满意度（在选项内打√）。

	满意	基本满意	不满意
（1）幼儿园教育			
（2）小学教育			
（3）初中教育			
（4）高中教育			
（5）职业教育			

C5.　您是否愿意送子女就读办学质量好但是收费高的民办学校？（　　）。

（1）愿意　　　　　　（2）不愿意　　　　　　（3）无所谓

四、公共文化均等化状况调查

D1.　您比较喜欢的文体活动有（可多选）（　　）。

（1）看电视　　　　　　　　　（2）看电影

（3）阅读书报　　　　　　　　（4）棋牌娱乐

（5）玩手机和电脑游戏　　　　（6）看戏曲演出

（7）跳广场舞　　　　　　　　（8）体育锻炼

（9）练习书画　　　　　　　　（10）演奏民间乐器

（11）其他：＿＿＿＿＿＿

D2.　当前农村最需要重视和加强的文化服务内容是（可多选）（　　）。

（1）送戏下乡　　　　　　　　（2）送电影下乡

（3）办好农家书屋　　　　　　（4）广播电视村村通

（5）加快网络宽带建设　　　　（6）安装健身器材

（7）建设文化活动广场　　　　（8）办好宣传橱窗

（9）其他：＿＿＿＿＿＿

D3.　对下列政府公共文化服务项目的满意度（在选项内打√）。

	满意	基本满意	不满意
（1）送戏下乡			
（2）送电影下乡			
（3）农家书屋			
（4）广播电视村村通			
（5）网络宽带建设			
（6）体育健身工程			

D4.　您去的次数最多的文化场馆是（　　）。

（1）图书馆　　　　　　　　　（2）文化馆

（3）博物馆　　　　　　　　　（4）体育馆

（5）电影院　　　　　　　　　（6）其他：_____

D5.　与城市相比，当前农村公共文化服务中差距较大的是（可多选）

（　　）。

（1）广播电视　　　　　　　　（2）图书报刊

（3）网络通信　　　　　　　　（4）电影戏曲

（5）群艺活动　　　　　　　　（6）高档次的文化场馆

（7）专业文化人才　　　　　　（7）其他：_____

五、公共卫生均等化状况调查

E1.　近期医疗卫生设施和服务水平变化最大的是（　　）。

（1）县级医院　　　　　　　　（2）乡镇卫生院

（3）村卫生室　　　　　　　　（4）民办医院和诊所

E2.　如果患上常见病，您最先选择的医疗卫生单位是（　　）。

（1）县级医院　　　　　　　　（2）乡镇卫生院

（3）村卫生室　　　　　　　　（4）民办医院和诊所

E3. 对本县医疗卫生服务单位服务水平满意度评价（在选项内打√）

	满意	基本满意	不满意
（1）县直医院			
（2）乡镇卫生院			
（3）村卫生室			
（4）民办医院和诊所			

E4. 您认为一个行政村只保留一个卫生室的做法是否合适？（　　　）

（1）合适　　　　　　（2）不合适　　　　　　（3）无所谓

E5. 对农村基本公共卫生服务实际运行状况评价（在选项内打√）。

	很好	一般	弄虚作假	不清楚
（1）城乡居民健康档案管理				
（2）健康教育				
（3）预防接种				
（4）0—6岁儿童管理				
（5）孕产妇健康管理				
（6）老年人健康管理				
（7）高血压患者健康管理				
（8）Ⅱ型糖尿病患者健康管理				
（9）重性精神病患者健康管理				
（10）传染病及突发公共卫生事件报告和处理				
（11）卫生监督协管服务				
（12）中医药服务				

E6. 医疗卫生服务需要改进和加强的首选内容是（　　　）。

（1）提高新农合报销比例　　　（2）提高医疗水平

（3）改进服务方式　　　　　　（4）解决好"小病大治"现象

（5）加强乡镇卫生院建设　　　（6）建设好村卫生室

（7）加强医疗卫生基础设施建设

六、社会保障均等化方面的状况调查

F1. 您是否知道本县的农村最低生活保障线？每年是（　　　）。

（1）1500 元 　　　　　　　　（2）1850 元

（3）1930 元 　　　　　　　　（4）2050 元

（5）不知道

F2. 您比较熟悉的社会保障内容有（可多选）（　　　）。

（1）五保户供养 　　　　　　　（2）军烈属优抚

（3）特殊困难群体救助 　　　　（4）重特大病救助

（5）流浪乞讨人员救助 　　　　（6）留守老人供养

（7）留守妇女关怀

F3. 农村精准扶贫的最有效方式是（　　　）。

（1）发展生产脱贫 　　　　　　（2）发展教育脱贫

（3）易地扶贫搬迁脱贫 　　　　（4）生态补偿脱贫

（5）社会保障兜底

F4. 村民最倾向选择的养老方式是（　　　）。

（1）传统家庭养老 　　　　　　（2）进福利院养老

（3）新型市场化养老 　　　　　（4）社会保险养老

F5. 关爱农村留守儿童最好的方式方法是（　　　）。

（1）建立留守儿童爱心服务站

（2）组织"爱心爸妈"团队

（3）开展社会结对帮扶活动

（4）开展"爱心助学"活动

（5）发展社会慈善事业

整份问卷填写完毕，再次感谢您的参与和耐心填写！

祝您生活愉快，工作顺利！

参考文献

一、专著

1. 习近平:《习近平谈治国理政》,外文出版社 2014 年版。

2. 魏礼群:《"四个全面":新布局、新境界》,人民出版社 2015 年版。

3. 俞可平:《论国家治理现代化(修订版)》,社会科学文献出版社 2015 年版。

4. 王浦劬等:《政治学基础(第三版)》,北京大学出版社 2014 年版。

5. 丁煌:《西方行政学说史》,武汉大学出版社 2004 年版。

6. 孙柏英:《当代地方治理:面向 21 世纪的挑战》,中国人民大学出版社 2004 年版。

7. 周志忍:《当代国外行政改革比较研究》,国家行政学院出版社 1999 年版。

8. 于建嵘:《岳村政治:转型期中国乡村政治结构的变迁》,商务印书馆 2001 年版。

9. 徐勇:《中国农村村民自治》,华中师范大学出版社 1997 年版。

10. 徐勇、高秉雄:《地方政府学》,高等教育出版社 2006 年版。

11. 项继权:《民权与民生:中国农民权益实证调查》,西北大学出版社 2008 年版。

12. 谢庆奎、陈淑红:《县政府管理》,中国播电视出版社 1994 年版。

13. 宋亚平:《中国县制》,中国社会科学出版社 2013 年版。

14. 宋亚平:《出路:一个区委书记的县政考察笔记》,中国社会科学出版社

2010 年版。

15. 陈振明等:《公共服务导论》,北京大学出版社 2011 年版。

16. 李军鹏:《公共服务型政府》,北京大学出版社 2004 年版。

17. 国务院发展研究中心课题组:《民生为本——中国基本公共服务改善路径》,中国发展出版社 2012 年版。

18. 世界银行东亚与太平洋地区:《改善农村公共服务》,中信出版社 2008 年版。

19. 王浦劬、[美]萨拉蒙:《政府向社会组织购买公共服务研究——中国与全球经验分析》,北京大学出版社 2010 年版。

20. 宋亚平:《咸安政改》,湖北长江出版集团、湖北人民出版社 2009 年版。

21. 吴理财:《从管治到服务》,中国社会科学出版社 2009 年版。

22. 吴理财:《当代中国农民文化生活调查》,知识产权出版社 2011 年版。

23. 宋亚平、项继权等:《湖北新型城镇化转型与治理研究》,湖北科学技术出版社 2014 年版。

24. 唐鸣、陈荣卓、梁东兴:《健全农村民主管理制度》,生活·读书·新知三联书店 2015 年版。

25. 娄峥嵘:《我国公共服务财政支出效率研究》,中国社会科学出版社 2011 年版。

26. 句华:《公共服务中的市场机制——理论、方式与技术》,北京大学出版社 2006 年版。

27. 彭华民等:《西方社会福利理论前沿——论国家、社会、体制与政策》,中国社会出版社 2009 年版。

28.《湖北科学发展案例选》,湖北人民出版社 2014 年版。

29. 韩克庆:《转型期中国社会福利研究》,中国人民大学出版社 2011 年版。

30. 于小千:《管办分离:公共服务管理体制改革研究》,北京理工大学出版社 2011 年版。

31. 赵成福:《社会转型中的县域农村公共服务供给机制研究》,中国社会科学出版社 2010 年版。

32. 石国亮、张超、徐子梁：《国外公共服务理论与实践》，中国言实出版社2011年版。

33. 李晓园：《当代中国县级政府公共服务能力及其影响因素的实证研究》，中国社会科学出版社2010年版。

34. 江易华：《当代中国县级政府基本公共服务绩效评估指标体系的理论构建与实证研究》，中国社会科学出版社2010年版。

35. 郑晓燕：《中国公共服务供给主体多元发展研究》，上海人民出版社2012年版。

36. 詹成付、王景新：《中国农村社区服务体系建设研究》，中国社会科学出版社2008年版。

37. 贺雪峰：《乡村社会关键词——进入21世纪的中国乡村素描》，山东人民出版社2010年版。

38. 梁鸿：《中国在梁庄》，中信出版社2014年版。

39. 王强：《政府2.0：新常态下的政府治理创新》，中国人民大学出版社2015年版。

40. [美]迈克尔·G.罗斯金：《政治科学》，林震译，中国人民大学2014年版。

41. [英]庇古：《福利经济学》，金镝译，华夏出版社2007年版。

42. [美]约翰·罗尔斯：《正义论》，何怀红等译，中国社会科学出版社1988年版。

43. [美]亨廷顿：《变化社会中的政治秩序》，生活·读书·新知三联书店1989年版。

44. [印度]阿玛蒂亚·森：《以自由看待发展》，任赜、于真译，中国人民大学出版社2012年版。

45. [英]吉登斯：《第三条道路：社会民主主义的复兴》，周戈译，北京大学出版社2000年版。

46. [英]金斯伯格：《福利分化：比较社会政策批判导论》，姚俊、张丽译，浙江大学出版社2010年版。

47. [英]格兰德:《另一只无形的手:通过选择与竞争提升公共服务》,韩波译,新华出版社2010年版。

48. [美]迪尼托:《社会福利:政治与公共政策(第五版)》,何敬、葛其伟译,中国人民大学出版社2007年版。

49. [加拿大]R. 米什拉:《社会政策与福利政策》,郑秉文译,中国劳动社会保障出版社2007年版。

50. [美]奥斯本等:《改革政府:企业家精神如何改革着公共部门》,周郭仁等译,上海译文出版社2006年版。

51. [美]珍妮特·V. 登哈特、罗伯特·B. 登哈特:《新公共服务:服务,而不是掌舵》,丁煌译,中国人民大学出版社2014年版。

52. [美]戴维·奥斯本、彼德·普里斯特里克:《摒弃官僚制:政府再造的五项战略》,中国人民大学出版社2002年版。

53. Rose, R., *The Welfare States: East and West*, Oxford University Press, 1986.

54. Rein. M., *Problems in the Definition and Measurement of Poverty*, In Townsend, P. The Concept of Poverty: *Working Papers on Methods of Investigation and Life – Styles of the Poor in Different Countries*. London: Heinemann Educational.

55. Mead, L. M., *The New Politics of New Poverty*, Public Interest, Spring, 1991.

56. Beck. (ads), *The Social Quality of Europe*, EU: Kluwer Law International, 1997.

57. Marshall, T. H., *Citizenship and Social Class and Other Essays*, Cambridge: Cambridge University Press, 1950.

二、连续出版物

1. 胡鞍钢等:《"十三五"时期我国社会保障的趋势与任务》,《中共中央党校学报》2015第2期。

2. 项继权:《基本公共服务均等化:政策目标和制度保障》,《华中师范大学学报(人文社科版)》2008年第1期。

3. 项继权：《构建城乡一体的公共服务体系》，《中国城乡桥》2007 年第 12 期。

4. 景朝亮、毛寿龙：《从政府职能转变的视角反思社区基本公共服务》，《天津行政学院学报》2015 年第 1 期。

5. 易小明、刘国新：《分配正义与城乡基本公共服务均等化——基于同一性正义与差异性正义的分析》，《甘肃理论学刊》2015 年第 5 期。

6. 蔡衡、蔡晓珊、周阳城：《财政视角下我国基本公共服务均等化探析》，《鄂州大学学报》2014 年第 10 期。

7. 周庆元、邹丽阳、刘振平：《城乡基本公共服务均等化：困境与出路》，《劳动保障世界》2013 年第 10 期。

8. 唐立红：《城乡一体化进程中的政府基本公共服务优化研究》，《理论界》2014 年第 8 期。

9. 胡琳琳，郭万超：《城乡基本公共服务的均等化》，《开放导报》2013 年第 8 期。

10. 王磊：《公民参与对基本公共服务供给增进机制研究》，《华北金融》2015 年第 3 期。

11. 衡霞：《城乡基本公共服务均等化的制度变迁特征研究》，《现代经济探讨》2015 年第 11 期。

12. 王袅：《基本公共服务均等化的理论基础与实现形式》，《中国管理信息化》2015 年第 10 期。

13. 官盱玲：《创新农村公共文化服务体系的实践与思考》，《赤峰学院学报（汉文哲学社会科学版）》2011 年第 12 期。

14. 刘若实：《从农民观念的变化看农村公共文化服务建设》，《阜阳职业技术学院学报》，2013 年第 9 期。

15. 孙士鑫：《构建农村公共文化服务体系的基本理论分析》，《当代经济》2011 年 7 月（上）。

16. 程亚萍：《刍论健全完善我国农村社会保障制度》，《理论导刊》2014 年第 4 期。

17. 章晓懿：《政府购买养老服务模式研究：基于与民间组织合作的视角》，《中国行政管理》2012 年第 12 期．

18. 郑功成：《共享：国家发展理念的突破与升华》，《人民论坛》2015 年第 11 期（下）。

19. 吴波：《共享发展理念与中国道路的新探索》，《中共贵州省委党校学报》2015 年第 6 期。

20. 黄卫挺：《共享发展：兑现历史承诺 开启共富新篇章》，《中国党政干部论坛》2015 年第 12 期。

21. 贾康：《共享发展需要优化收入分配走向共同富裕》，《中国党政干部论坛》2015 年第 12 期。

22. 韩喜平、孙贺：《共享发展理念的民生价值》，《红旗文稿》2016 年第 2 期。

23. 叶南客：《共享发展理念的时代创新与终极价值》，《南京社会科学》2016 年第 1 期。

24. 高淑桂：《共享发展视野的跨越"中等收入陷阱"》，《改革》2016 年第 1 期．

25. 杨梅：《创新公共服务方式 坚持共享发展》，《新长征》2016 年第 1 期。

26. 王彦坤：《对党的十八届五中全会共享发展理念的思考》，《共产党员》2016 年第 3 期。

27. 赵满华：《共享发展的科学内涵及实现机制研究》，《经济问题》2016 年第 3 期。

三、内部资料

1. 荆县地方志编制委员会：《荆县志》，1979—2005。

2. 荆县统计局：《荆县国民经济统计年鉴》，2001—2014 年。

3. 荆县政府：《政府工作报告》，2005—2015 年。

4. 荆县民政局：《荆县民政志》，1986—2009。

后记

　　本书是在我博士论文的基础上修改而成的。听课是一种享受，读书是一种快乐，然而，写论文却可能是一种磨难。尤其对我来说。人到中年又来读博士，带着一丝理想和追求，初始目的是给自己增加继续奋斗的压力和动力，然而，理想很丰满，现实很骨感。由于我学术基础薄弱，工作事务繁杂，尤其是惰性日增，勤勉不够，致使论文的写作一再拖延，写写停停，越写越难。现在论文终于逼出来了，可以想到质量可能是很粗糙的。

　　师从宋亚平老师我深感荣幸，也非常愧疚。先生不仅是当代中国一位代表性的敢于开拓创新的基层改革家，而且还是一位理论功底深厚、治学态度严谨的知名学者，有这样的集学识和声望于一身的先生作为老师我深感荣幸！同时，愧疚的是我的修学不够潜心、勤奋刻苦不到位，让老师多费心了。

　　在我攻读期间，得到了华中师范大学政治学研究院各位老师的关心和教导。项继权老师常把我和他的弟子一样对待并教诲，甚为感动。吴理财教授、贺东航教授、陈伟东教授、袁方成教授课上课下的指点、亦师亦友的教诲，都使我受益匪浅，终身难忘，在此对各位老师表示深深的谢意！

　　还要感谢荆县的主要领导和多个部门的工作人员，他们对我的几次调研都提供了非常热情周到的服务，让我至今难于忘怀。

　　最后，还要感谢我的同学们，尤其是同门师弟毛铖，在许多事务上替我操劳，不胜感激！

郝国庆

2016 年 7 月